El poder del duelo

Ana María Patricia Márquez Pérez

El poder del duelo
Ana María Patricia Márquez Pérez

Diseño de la cubierta: Equipo de diseño de Universo de Letras
Imagen de cubierta: ©Shutterstock.com

Obra publicada por el sello Universo de Letras
www.universodeletras.com

Primera edición: 2024

ISBN: 9788410004238
ISBN eBook: 9788410265912

Con amor, dedico estas líneas de mi experiencia
de vida a mis hijos, Ana, José y Diego.

Me quedo con lo mejor de cada uno de ustedes y les
pido que guarden lo mejor de mí en sus corazones.

Por siempre, su mamá, que los ama:

Ana Márquez

Índice

Introducción

La forma en que está estructurado *El poder del duelo* da pie a que pueda leerse de una manera práctica, ágil, llevando el ritmo que cada quien elija. Pero también permite ir asimilando poco a poco el tan ominoso tema del que trata, puesto que va mezclando lo que sucede en la narrativa central con sucesos del pasado de la vida de la autora, que son sumamente esclarecedores y que nos van configurando al personaje central, quien va a realizar todo ese duelo en su propia experiencia, en su propia carne, pasando por todas las etapas del mismo. Su historia en un mapa para quien quiera aprender de la superación de un trauma de estas magnitudes. Un mapa para quienes hayan vivido un duelo propio o, simplemente, para quienes quieran aprender tanatología.

De este modo, revivimos los angustiantes momentos en los que Ana Márquez recibió la llamada que habría de cambiarla para siempre, aquella madrugada, en que sin definición precisa le avisaban de que su hijo había tenido un accidente. Esta narración se mantiene a lo largo de toda la primera parte del libro, mientras también vamos explorando viñetas que nos revelan su vida, desde su situación familiar, siendo una niña que veía el mundo de los adultos un tanto amenazador, con la continua incertidumbre que vivió a causa del alcoholismo circundante, que originó el alejamiento de su padre, así como el de su madre, por su propia personalidad.

De esa manera, a la par que vamos viviendo la angustiante narración central, la del accidente, avanzamos en la comprensión de una personalidad que será la que, al final, acabará por convertirse en la mujer con la fortaleza capaz para enfrentar lo que la vida le tenía deparado.

Entendió lo que es la muerte de una manera profunda y repetida, en un lapso muy corto de tiempo. Una a una, se fueron sucediendo las muertes en su casa, empezando por la de su padre y llegando a la de su hermano Manuel, un personaje clave y central en su vida, quien, a pesar de su personalidad amable y generosa, acabaría ultimado de una forma terrible, casi con seguridad a manos de quienes lo conocían, un crimen que nunca fue resuelto. Ese choque de realidad, esa conciencia abrupta de la mortalidad la prepararía, si es que se puede hablar de algo así, para lo siguiente: el fallecimiento de su querido hijo José Alfredo Angel Márquez, Joss, quien acabó accidentado por el coche en el que iba por un joven alcoholizado.

Lo que sigue en la progresión del libro es el proceso por el cual Ana Márquez va a pasar. Somos testigos de primera mano de ese proceso; tanto, que llegamos casi a sentir en nuestra propia piel sus sufrimientos, desde la aridez de acudir al reclusorio infinidad de veces, hasta los trámites, las múltiples terapias y los muchos aprendizajes, los constantes altibajos, los tantos retrocesos... para de pronto llegar al punto en el que se termina de atravesar ese duelo: el final del proceso, del cual nosotros, como lectores, también salimos fortalecidos y beneficiados.

En el libro también encontramos testimonios de otras personas que vivieron el duelo de Joss y de sus dos primos, Andrea y Carlos. Ambos murieron también en el mismo impacto aquella madrugada. E incluso asistimos a los testimonios de otras madres que han experimentado la pérdida de sus hijos, como los que aparecen al final del libro. Como el de Carolina, que con la misma honestidad extrema de Ana, desnuda su alma para relatar cómo su hija Sofía, de doce años, se quitó la vida y nos narra situaciones por las que pasó, empezando por el deseo de ella también terminar con la suya propia.

Encontramos, asimismo, la experiencia de Laura Cárdenas, novia de Joss en aquellos años, quien esa noche no acudió a la fiesta porque necesitaba descansar, luego de su doble jornada, de estudio y trabajo. Por ello, salvó su vida. Laura recuerda algunas interacciones con José en las que le «parecía que se estaba despidiendo», como argumentaría después, atando cabos de todo lo que había pasado en los días previos. Ello deja una sensación de estar ante un enigma que no sabemos descifrar, algo que nos supera a todos en nuestro muy limitado conocimiento de la vida y la muerte, pero que también se va a enlazar con el convencimiento de Ana, quien también se da cuenta al final, de que el paso de su hijo por este mundo tuvo un sentido muy hondo y que, sólo después de atravesar todas las fases del duelo pudo entrever, lo que le brindó una paz infinita.

En esa travesía se ayudó de la terapia y del estudio de la tanatología. Acudía a los cursos con su hermana Gaby, quien perdió a sus dos hijos esa noche. «Siempre estuvimos ambas buscando y encontrando nuevos caminos para estar mejor en nuestro duelo —escribe Ana—. Creo que son muy semejantes todas las acciones que realizamos en este proceso. Continuamente nos comunicábamos y nos acompañábamos, con una actitud de mucha hermandad». Relata cómo la tanatóloga situaba a su audiencia por el tipo de duelo que estaba transitando: «Nos colocaba a los padres y madres que habían perdido a un hijo o hija en una sección aparte, con un gafete especial. Comentaba que nuestros duelos eran distintos, porque la muerte de un hijo producía una ruptura que no es lógica para nosotros, que la vida se nos desgarra y lo tomamos como un hecho imposible de aceptar».

Pero había algunos aspectos que, para ella, podían mejorar: «En ese entonces hacían un recuadro de la intensidad de cada tipo de duelo, incluso escribían el porcentaje del dolor que se sentía. Ahora, al pasar de los años, mi opinión es que no se deben etiquetar los duelos. Por supuesto, que es muy duro y difícil la muerte de un hijo o hija, pero cualquier duelo por el que estemos pasando es simplemente dolor, y tiene la misma importancia y merece el mismo respeto».

Siempre con una gran sabiduría natural y con humildad, Ana se entregó a ese proceso con toda la ayuda que pudo recibir, como el estudio también, de la logoterapia, la disciplina creada por Viktor Frankl, el sobreviviente de los campos de concentración nazis que encontró ahí, después de que hubieran asesinado a todos sus familiares, una manera de buscar el sentido más profundo a la vida.

Escribió Viktor Frankl: «El dolor es inevitable, pero el sufrimiento es opcional. La única cosa que no se puede quitar a alguien es su última libertad: elegir su propia actitud ante cualquier situación». Y también dijo: «La vida puede tener sentido, incluso en las situaciones más dolorosas y desesperadas». Ana abre su corazón ante su pérdida y escribe lo siguiente: «Extraño tu presencia, tu compañía, tu amor; todo lo que eras lo extraño y te digo que no me olvidaré de ti mientras viva en este plano». Pero también encuentra un remanso en el trabajo diario y continuo en que consiste el duelo mismo: «Sé que estoy progresando cuando me levanto a trabajar, cuando veo la dulzura e inocencia de los niños con los que tengo contacto... cuando sonrío al recordarte, cuando me ocupo en estar bien, cuando logro divertirme en una reunión... cuando el amor le gana al dolor para levantarme cada día, cuando nos apoyamos como una familia con tus tíos Gaby y Federico, principalmente. Ahora soy yo, tu mamá, la que quiere sentirse bien y seguir adelante en esta caminata de vida».

A lo largo de su relato descubre algo que no es otra cosa más que su legado para todos nosotros, para quienes vamos a encontrar en estas páginas, a la vez, un sentido: «Se dice que el tiempo lo cura todo, pero no lo hace por sí solo. Lo que sana es lo que haces con ese tiempo, las acciones y las decisiones que llevas a cabo».

Hacia la segunda parte del libro, a la vez que éste se sigue estructurando con viñetas y recuerdos que nos remiten a otras etapas de la vida de Ana, entramos en un género epistolar, con el que la autora sigue desnudando su alma: las cartas que escribe a Joss. En ellas, nos vamos adentrando más y más en lo que va aprendiendo. Entre otras cosas, el hecho de que alguien con un gran duelo tiene que luchar, aceptar e integrar muchas veces ese dolor para seguir con su vida. Ella sabe muy bien, porque no puede dejar de atender a sus otros hijos, quienes también viven su propia experiencia. «Aprendí que el duelo de los padres ocupa demasiada energía y que es fácil olvidarse de los otros hijos. Sin embargo, ellos también viven su duelo de hermanos. Es muy importante para ellos saber que son tan amados como su hermano fallecido y que ocupan un lugar único en la familia».

La intuición llevó a Ana por diversos caminos, por mucho aprendizaje y muchas terapias, y también a darse cuenta de que un duelo, por enorme que sea, no se puede arrastrar hasta la muerte, ni siquiera un lapso excesivo de años, como sí hacían algunos que conoció en un grupo de padres. Parecían querer quedarse en un dolor que rayaba en la victimización permanente. No, ella se guio siempre por sus ansias de salir adelante y por la promesa que le hizo a Joss de que lo haría de la mejor manera. «Escuché que el lapso de tiempo para vivir un "duelo sano" y reponerse con la aceptación es de dos años, aproximadamente. Después de ese tiempo, puede convertirse en duelo patológico».

Aprendió que el duelo se tiene que sentir y vivir cada día en el presente, y que se debe abrazar a profundidad la ausencia, dándose permiso de transitarlo lentamente. «No se debe apresurar y no existe una fórmula mágica para sanar. Escuché que no había una regla precisa del tiempo que esto lleva; me hice consciente de que no existen atajos. También, durante mi duelo, debí buscar el equilibrio entre el sentir y el hacer, pues mi vida y la de todos los demás no podía paralizarse. Aprendí una nueva manera de relacionarme con mi familia y amigos: la vida abría sus brazos para que yo tuviera nuevas oportunidades en ella. Debí ser amable y cariñosa conmigo misma, y esas actitudes me dieron una poderosa herramienta para continuar compartiendo experiencias, reflexiones y fortalezas».

Los inicios de su estudio de logoterapia le sirvieron para seguir trabajando el tema de su duelo, pero «irrumpió en las sesiones, desbordándose, la relación devastadora con mi madre». Escribe lo siguiente: «Explotó con esas emociones atrapadas que eran tan dañinas para su alma», lo que demuestra que, en una pérdida tan grande, en un duelo de esa magnitud, se incorporan las heridas que nos han dejado cicatrices a lo largo de la vida. Así que trabajó durante siete largos meses su relación con su madre. Su logoterapeuta la llevó de la mano para revivir esos sentimientos que le daban vueltas en el interior. «Estaba tan dolida y ofendida, que era como intoxicarme con mi propio veneno. Quedé atrapada con las acciones de mi madre, que me hacían sufrir, y me sentía víctima de las circunstancias. Esos recuerdos avivaron el coraje, la rabia, la ira, el rencor, la queja constante, el juicio y, en definitiva, sentimientos que fueron muy poco saludables para mi cuerpo y mi alma».

Sin embargo, después de muchas sesiones, poco a poco sintió que ese remolino se fue degradando: «Fue perdiendo su furia y su densidad, hasta que llegó el día en que pude convertir ese gran remolino en un resplandor de luz en mi interior, que se desbordaba a mis costados, subía hasta mi cabeza y bajaba a mis tobillos. Una experiencia inenarrable. Pude perdonar a mi madre desde la raíz, desde lo profundo de mi ser, y también perdonarme a mí por permitir que me hubiera lastimado durante tanto tiempo. En esos momentos, comprendí que de ahora en adelante no debía acceder o tolerar que me afecten las acciones de mi madre, y en general de ninguna persona. Aprendí que no debo esperar tanto de la gente, que en la vida hay que fluir, sentir y dejar pasar lo que no nos corresponde. No cargar con sentimientos y acciones que no nos pertenecen. Viajar ligera de equipaje».

Para Ana, el perdón fue liberarse completamente de pensamientos y emociones que no le hacían bien, que la destruían y le impedían avanzar. Entendió que el perdón se realiza, antes que nada, por el bien de uno mismo. «Perdoné a mi madre y a todos los que tenía que perdonar por mi propio bien, y fue absolutamente liberador. Se lee fácil y preciso, pero es muy difícil poder perdonar sinceramente, de raíz».

Llegó hasta la experiencia del perdón extremo, con el homicida de su hijo. «Al principio, el sentimiento hacia esa persona era muy difícil de llevar. Un sentimiento nefasto de repulsión, de rechazo a alguien que había causado la muerte de mi hijo, de mis dos sobrinos y de sus amigos: seis jóvenes. No puedo decir en qué momento dejé de sentir ese rencor, esa ansiedad, ese encono. Quizá fue cuando le dieron sentencia, cuando finalmente supimos que iba a estar años en la cárcel. En ese momento, pensé que podía descansar, que se había hecho justicia. Aunque, claro, nada te va a regresar a tu ser querido y sólo te queda conformarte con ese veredicto. Pero, de pronto y gracias en gran parte a todo el trabajo que ya he descrito en las terapias y en la introspección, me di cuenta de que ya había perdonado: a él, a toda su familia y a todo el evento en sí».

«Escalé una gran montaña de obstáculos, de prejuicios, de mucho resentimiento. Mis lágrimas pudieron haber llenado la capacidad de una gran alberca, pero, sin embargo, de cada una obtuve enseñanzas. Y, al final, gratitud. La gratitud es algo que aprendí a valorar y a dar. Sentí gratitud por todo, por todos. Gratitud a los resultados que obtuve en todo el trayecto».

La etapa final, la de la aceptación, es la conclusión de una vida entregada a la superación y al amor: «La aceptación, en mi experiencia personal, fue la manera de poder continuar en la vida de forma positiva, plena y feliz. Me reinventé y me reconstruí responsable y amorosamente. Acepté la gran pérdida de mi hijo, abrazándola con amor. Siento un profundo respeto, admiración y empatía por los padres que han pasado por estas cinco etapas del duelo por la muerte de un hijo o hija, y que han alcanzado la aceptación de su nueva manera de vivir».

Aprendió a soltar y a ser ella, nada más. Escribió al final de su obra que el cambio para mejorar empezó por darse cuenta de todas estas cosas y que, a raíz de llevarlas a cabo, «empiezan a gestarse cambios sorprendentes en los demás». Al final, nos entrega un secreto que sólo se puede desvelar después de haber deshojado cada una de sus experiencias, un secreto final que es el que el lector va a encontrar en estas páginas.

Hoy vive una vida tranquila y se ha convertido en una estudiosa de los temas de duelo y de tanatología, desea ayudar en el futuro con su experiencia a infinidad de personas que necesiten el alivio de saber que hay alguien que pudo salir adelante, que sabe las etapas y los pasos que se deben seguir... y que es capaz de compartir su experiencia con amor y empatía.

Prólogo

La primera vez que leí el libro de Ana Márquez, cuando tuvo la amabilidad de elegirme como editor del mismo, tuve que interrumpir la lectura. Recuerdo que era tarde en la noche y, aunque tenía la intención de avanzar lo más posible, no lo conseguí. No podía seguir leyendo, por lo terriblemente trágico de su contenido. Por el inenarrable dolor que despedían esas páginas, que no hacían otra cosa más que expresar la sima más profunda de sufrimiento a la que puede ser sometido un ser humano.

No pude continuar la lectura hasta un par de días después. Y, sin embargo, esas páginas me llamaban: tenía que seguir hasta terminar de conocer toda su historia, la de cómo en una noche, de manera intempestiva, Ana perdió a su hijo y, con ello, parte de su vida misma, de sus esperanzas e ilusiones, de sus ganas de seguir adelante y del sentido que tenía de la existencia. Sobre todo, necesitaba saber qué había hecho ella con todo ese dolor y cómo lo había procesado, que es lo que le otorga el título al libro: el duelo no sólo como un sentimiento, como una asimilación, sino como algo que tiene poder... precisamente porque resulta transformador.

En una de sus reflexiones, Ana escribe que existe una palabra para designar a alguien que ha perdido a un cónyuge: viudo o viuda. También hay una para identificar a quien ha perdido a sus padres:

huérfano o huérfana. Pero no hay ninguna palabra para nombrar a quien pierde a un hijo... porque «el lenguaje no alcanza para describir lo que se experimenta en una situación así». Ciertamente, no es lo mismo perder a un padre o a una madre, que ya vivió su vida y que ya es mayor de edad, con toda la aflicción que nos queda a los deudos, o incluso a un hermano, que a un hijo que se llevó en las entrañas.

Pero todavía hay un agravante más, especialmente cruel: no sólo perdió esa noche a su hijo, José Alfredo Angel Márquez (a quien llamaba cariñosamente Joss), algo que va en contra de todas las leyes de la naturaleza, sino que lo hizo de una forma repentina, sin tener ni un solo momento de procesar nada. De forma contraria a lo que pasa con una enfermedad grave de algún ser querido, en donde hay tiempo para pasar por las diversas etapas del duelo hasta que, en muchos casos, se llega a la aceptación y se pone uno en manos del destino, incluso antes de que sobrevenga la esperada partida. No, a Ana el mencionado destino, si es que hay uno, le infringió toda la severidad en un solo instante. Veo en esa prueba, si se le puede llamar así, el mayor duelo que pueda padecer una persona: la muerte de un hijo, que ya dijimos que es contra natura, y que haya sido de forma absolutamente inesperada, brutal y fulminante.

Por eso, veo que Ana Márquez es una de las personas autorizadas para hablar, escribir y enseñar sobre el duelo en todas sus facetas, puesto que a ella le fue dada la prueba más punzante, más incisiva. Una prueba casi insuperable. Y no sólo eso, sino por el resultado al que llegó después de haber transitado por ese periplo.

Eso es lo principal que yo advierto en la obra: ese gran periplo, o travesía, por las profundidades más oscuras del alma, habiendo salido indemne de ellas. Lo que se aprecia en este libro es una voluntad férrea y consciente de superar ese dolor abismal, sin contaminarse de todas las cosas negativas de las que se pudo haber contaminado, que la pudieron haber convertido en un ser amargado, lleno de resentimientos y apartado de los demás por el resto de sus días. En alguien que no quiere salir de ese sentimiento de víctima.

Me llama la atención especialmente cuando escribe sobre el grupo al que asistió: «el taller de padres que perdieron a sus hijos», invitada por la entonces Procuraduría General de Justicia. «Los padres asistentes se encontraban muy mal, y toda su amargura, tristeza y enojo no me hacían bien —escribe—. Me daba miedo y me sentía muy nerviosa al escuchar sus relatos e historias. Me asusté al ver que no habían podido enfrentar su pérdida y sanado su duelo, ya que sus hijos habían fallecido muchos años atrás: cinco, diez, quince, veinte años o más, y decían sentir lo mismo, como desde el primer día. Fue una lección profunda, un parteaguas para mí. No quería eso para el resto de mi vida. No creía que me hiciera bien ni que le hiciera bien a nadie. Había una retroalimentación del dolor que casi llegaba a una cierta fruición, a una autocompasión que no podía ser sana, a algo muy parecido a regodearse con ese dolor. Me pregunté si eso podía ser catártico, después de tantos años de permanecer en un círculo vicioso, y me pareció malsano».

La sabiduría natural de Ana, su buen corazón, le permitió percatarse de algo que no se daban cuenta las personas que elegían seguir siendo dolientes y continuar identificándose con ese dolor o esa *etiqueta* de víctimas por el resto de sus vidas, inmovilizándose voluntariamente de cualquier intento de salir de ese círculo vicioso. «Me asusté tanto que decidí no estar así. Fueron mi ejemplo de lo que no se debía hacer y me sirvió para actuar y trabajar en mi duelo. De todas las experiencias que he vivido, elijo tomar las que sumen a mi vida. Todo lo positivo, lo abrazo y lo acepto. Y sé que el camino que he elegido es correcto».

No, Ana nunca quiso caer en eso. Su camino fue hacer las paces con ella misma, con la vida... con Dios. Porque, al final de cuentas, este libro hurga en el mayor secreto de la vida: ¿por qué pasan estas cosas? ¿Por qué Dios, si existe, permite que sucedan? Y es evidente que en esas circunstancias cualquier persona se revuelve contra el sentido de la existencia, algo que nos remite al *Libro de Job*, que, más allá de las creencias que se tengan, contiene muchas respuestas y quizá sea el más misterioso y esclarecedor de los libros de la Biblia. Vale la pena recordarlo ahora: Job reniega de la aparente injusticia de su creador, quien le había quitado todas sus riquezas y su salud, y además hizo que murieran sus siete hijos y sus tres hijas.

Ante todas estas desgracias, Job no maldice a Dios, que le había puesto a prueba, aunque sí cuestiona su justicia. Al final, Dios le responde desde una tormenta y le recuerda su soberanía y su sabiduría. Le muestra que no puede tener el entendimiento total de todas las cosas, pues tan sólo es un ser humano, limitado por su naturaleza. Él reconoce la grandeza de su hacedor y se arrepiente de haber dudado. Aunque sabe que no puede entender los caminos del Todopoderoso, toma conciencia de su grandeza infinita y, por contra, de su propia pequeñez, lo que lo lleva a la humildad.

Pero la respuesta sobre el origen o la naturaleza de los males que nos aquejan permanece oculta y se nos esconde continuamente. Al igual que Job, Ana Márquez hace su propia confesión del estado de confusión en el que se encontraba cuando se sucedieron las muertes, una tras otra, en su familia: «Hemos tenido, en un lapso de siete meses, cinco muertes en la familia más cercana. ¿Por qué nos pasa esto? Me pregunto: ¿Dios cree que podemos aguantar tanto dolor? En este momento, no encuentro las respuestas, estoy desolada».

En otro momento, escribe lo siguiente de su hijo Joss: «Sentía su ausencia a flor de piel: todo me lo recordaba. Me preguntaba si estaba bien, si descansaba y si estaba con Dios. Aunque cada día le reclamaba a Dios por qué te había llevado, por qué te arrancó de mi vida. Le decía mil veces que me hubiera llevado a mí, que intercambiaría mi vida por la tuya sin pensarlo». Y le hace un juramento a su hijo fallecido: «Te prometo que voy a salir adelante con valentía; seré mejor esposa, madre, persona. Poco a poco iré aprendiendo a serlo».

Ese es el punto de inflexión que tuvo su duelo, el que la determinaría por el resto de su vida. Y quizá la única respuesta a todas esas preguntas lacerantes fue la que encontró Ana precisamente escribiendo este libro. O, más bien, al tener la valentía de dar cada uno de los pasos para salir adelante después de ese viaje por la noche oscura del alma para regresar fortalecida, más sabia y serena. Por eso, este documento es tan valioso y tiene mucho que enseñar a todos, tanto a los que han vivido un duelo, como a los que no, porque es algo que se hunde en las preguntas más profundas.

Esa voluntad de trascender ese duelo, de pasar por él sin negarlo, sin apresuramientos, atravesando por todas las etapas, que se ven perfectamente reflejadas, es el paso a la sabiduría. Aquí vamos a descubrir, por supuesto cómo Ana llega a la reconciliación con su pérdida, pero también con las otras muertes que tuvo que afrontar antes de eso, como la de su muy amado hermano Manuel, que murió de la forma más terrible y violenta. Y el sufrimiento que le causó tener un padre alcohólico, viviendo cosas que nunca deberían vivir los niños. Y las tantas humillaciones que padeció de una madre narcisista, colmada de resentimientos...

Pero no son lamentos los que va a encontrar aquí el lector. Ella relata todo su proceso de vida con inocencia, con compasión, dulzura y entendimiento. Nunca hay en sus palabras victimización. Ni siquiera odio o rencor. Así, aunque muchas veces pasa por baches que le regresan a etapas anteriores del duelo, ya superadas («Cuando creo que ya estoy mejor, de repente vuelvo a llorar a mares; sin embargo, hay dentro de mí una voluntad que me dice que no es así como quiero vivir el resto de mi vida»), prevalece su empeño en seguir adelante y, sobre todo, por mantener una buena actitud. «Doy gracias a la vida, porque, por medio de estas tareas —se refiere a las tareas que le encargaban sus terapeutas—, me estoy encontrando y he descubierto mis sentimientos más profundos. Me he ayudado de lecturas, de libros que hablan acerca del duelo, de los hijos, y creo que la actitud que voy tomando es positiva. Sé que mi esencia es de luchadora... y yo no soy fácil de vencer».

Otro de los grandes puntos que resaltan con la lectura de esta obra es la fortaleza que, para alguien que ha vivido las experiencias de Ana, representa el perdón. El libro se titula *El poder del duelo*, pero bien podría haberse llamado *El poder del perdón*. Ana no es una madre que perdió a su hijo por una enfermedad. Ni siquiera por un accidente provocado por las fuerzas de la naturaleza, o algo similar. A su hijo nunca lo volverá a ver ni a abrazar, ni a besar, por culpa de un joven que alardeaba de tener un auto que corría más que los demás, porque le había arreglado el motor, y que esa noche iba completamente alcoholizado a una velocidad de 150 kilómetros por hora. Y no sólo terminó con la vida de Joss, sino también con las de sus dos primos, Carlos y Andrea. Y de otras tres personas más. Seis jóvenes en total, llenos de vida, de sueños y de promesas, perdieron la vida esa noche fatídica por la imprudencia de alguien a quien no se le debería haber permitido, para empezar, manejar un auto. Por si faltaban elementos de complejidad en esta tragedia.

En su vida, Ana vivió siempre los terribles efectos del alcoholismo, sin que ella haya tomado prácticamente nada de alcohol. Desde muy niña vio que su padre, sus tíos... acababan violentándose una y otra vez por el consumo desmedido, afectando emocionalmente a una niña pequeña que se sentía vulnerable cada vez que su incipiente conciencia le advertía de que los que supuestamente deberían estarse comportando como adultos empezaban a alzar la voz. Ella sabía que acabarían peleando desagradablemente. También estuvo presente el alcoholismo en sus hermanos, algo que vivió muy de cerca y que le hizo recelar de que sus propios hijos estuvieran expuestos al alcohol, riñendo con ellos continuamente, una vez que tuvieron edad para empezar a ir a fiestas (algo a lo que tenían derecho, pero ella siempre debía equilibrar su temor de que cayeran en algo que ella había padecido tanto desde niña, con el respeto a su libertad individual). Hasta que, finalmente, su hijo acabaría prácticamente asesinado por alguien intoxicado con el alcohol.

Y, aun así, después de su proceso, surgió su parte más magnánima, gracias al poder del perdón. Incluso pudo perdonar a esa persona que mató a seis jóvenes por su inconcebible imprudencia. Esa es su grandeza. Y es un don: el don de tener un corazón bondadoso.

Extrañamente, un día antes de que muriera su hijo, Ana asistió a un curso sobre el perdón. Recuerda que Joss le llamó para preguntarle si calentaba la comida para cuando ella llegara de ese curso. Recuerda haber dedicado el conocimiento que adquiriría en él a trabajar el tema de su madre. No sabía lo que la vida le tenía deparado y que iba a necesitar ese saber que estaba adquiriendo para enfrentarse al máximo perdón de todos los posibles. Ese día: «Joss había invitado a su amigo Toño a comer, y la pasamos muy bien. Por la noche llegaron sus primos, porque de nuestra casa iban a salir a la fiesta de una amiga. Todos iban tan contentos. Era la última vez que los veríamos. Nadie lo esperaba, ni sabía que unas horas más tarde nuestra vida cambiaría por completo».

«¿Qué fue lo que me llevó a ese curso (del perdón) en ese preciso momento? —se pregunta—. No lo sé. Hay situaciones en la vida que algunos llaman sincronicidad. Pero ahí estaba yo ese día, estudiando ese material, sin que entonces le diera demasiada importancia a lo que causaba en mí no perdonar a mi mamá, a mi agresora, a quien había herido constantemente mi corazón de hija. Sin saber, tampoco, que ese perdón era el que iba a necesitar para lo que tenía por delante, para poder algún día siquiera entender, y eventualmente perdonar, a quien le quitaría la vida al hijo que llenaba cada uno de mis instantes de alegría y motivos para vivir».

¿Por qué tomó, entonces, ese curso en ese día en especial? ¿Será por la misma razón por la que sintió la necesidad de estudiar tanatología desde siempre, incluso desde antes de que se empezaran a suceder las muertes en su familia? ¿Y por qué Laura, la novia de Joss (que no asistió a esa fiesta porque estudiaba y trabajaba a la vez, y tenía que atender su jornada laboral de las tardes y noches, después de la escuela) tuvo la impresión de que él se despedía de ella antes de que todo sucediera?

Inevitablemente, ante una tragedia de este tipo, está implícita la pregunta sobre el destino: ¿acaso existe? «Volví a pensar qué habría pasado si en esa fiesta hubieran bailado una canción más o una menos —reflexiona Ana—. Da igual, con tal de que pasara el lapso de unos segundos de una manera diferente. Quizá esa canción, esa estrofa de canción que hubieran bailado de más, o de menos, los hubiera salvado.

Pero el destino, al parecer, ya estaba escrito. ¿O no existe tal cosa como lo que hemos dado en llamar destino? Me sorprendí con esas interrogantes de nuevo. ¿Sería cierto entonces que, si se hubieran distraído un minuto más o se hubieran tardado un poco más en salir, todo habría sucedido completamente distinto? No encontraba respuesta, una respuesta que necesitaba en ese entonces, porque la pregunta me quemaba por dentro. Ahora entiendo que es una respuesta que necesitan todas las personas que viven un duelo de esta magnitud».

Pero esa respuesta no llegó de la manera en que ella pensaba. Llegó de otra forma, de la forma más noble: con la paz interior, con la aceptación final. Y lo que el lector va a encontrar aquí es la grandeza de alguien que comparte todos sus procesos internos con la mayor sencillez posible y con una total honestidad. Invito a toda persona que se acerque a estas páginas a sumergirse en este descubrimiento tan hondo de un alma que se desnuda a sí misma para el beneficio de todos, puesto que cualquier persona puede aprender de ella sobre los temas más inabarcables de la vida: la muerte, el duelo y, una vez más, la vida... pero renovada. Una vida fortalecida, fructífera y reconciliada consigo misma.

Prólogo escrito por José Manuel Valiñas
Bouchot. Periodista, guionista y escritor.

El poder del duelo

En medio de la noche, el teléfono sonaba de manera insistente. En la penumbra, me desperté a medias y vi el reloj: eran las 4:23 de la mañana. Adormilada aún, busqué el teléfono: era mi hermana Gaby. Sólo tuve un instante para preocuparme por la insistencia y por la hora tan inusual. Un momento nada más en el que, parcialmente inconsciente, deseaba para mis adentros que no hubiera pasado nada y que todo estuviera bien. Contesté el teléfono.

Escuché a Gaby: su voz era de alarma total. Supe, también por un segundo, que lo que me tenía que decir era de la mayor seriedad: «Los muchachos tuvieron un accidente».

Un golpe de adrenalina subió de inmediato por mi pecho, sin que pudiera caer en la cuenta de lo que me estaba diciendo. Los muchachos eran Carlos y Andrea (hijos de mi hermana Gaby; y José, o Joss, mi hijo).

—José va accidentado en camino al Hospital José María; apúrate, que ya va para allá.

—¿En dónde está eso?

—En Doctor Vértiz y Eje 5. ¡Ay, Ani, mis hijos no sé cómo están! Voy saliendo para Calzada de Tlalpan, casi enfrente del depósito de camiones de basura que está cerca del Estadio Azteca. Me dijo el paramédico que todos los muchachos que están en el lugar están muertos...

Al escuchar eso, la adrenalina subió por mis venas y me dejó helada. La idea de que pudiera haber pasado lo peor empezaba a tomar forma. No podía pensar con claridad.

Aturdida, con el corazón a punto de estallar, desperté a mi hijo Diego, que dormía junto a mí. Después lo hice con mi hija Ani. Me vestí con lo que encontré a la mano, tomé mi bolso y salí rápidamente de la casa junto con ellos. Mi esposo Ignacio se encontraba de viaje de trabajo, en Tijuana.

Antes de salir de casa, pedí a Diego que le avisara a mi hermano Lalo de lo sucedido, para que alcanzara a mi hermana Gaby en el lugar del accidente. Salimos de casa atontados, asustados, nerviosos, confundidos y con esa ominosa sensación de que podríamos estar en una situación que cambiaría nuestras vidas para siempre.

Gaby me hizo una segunda llamada en el camino al hospital donde estaba Joss: «Ve con cuidado, no vaya a ser una extorsión; fíjate cuando lleguen al lugar que no haya nada sospechoso», me dijo. Por dentro anhelé, supliqué que se tratara de algo así.

El lugar más oscuro

Domingo cinco de junio de 2011. Esa llamada me abrió la puerta al lugar más oscuro que pueda existir. Supe que no se trataba de ninguna especie de fraude, sino que, en efecto, estaba en medio de una situación que iba a cambiar mi vida y la de todas las personas de mi familia. Para siempre.

¿Cuántos miedos se agolparon en esos momentos en los que, de manera casi automática, me subí al auto y me invadió una nube de pensamientos? La idea de un accidente siempre había estado en mi mente de alguna manera, temiendo siempre lo peor con mis hijos, y no pude dejar de preguntarme si el alcohol había tenido algo que ver (efectivamente, fue así, como se supo después, con la salvedad de que ni mi hijo y ni mis sobrinos consumieron).

El alcohol siempre había formado parte de mi vida, a pesar de que yo no tomaba. Estuvo presente en la vida que mi padre nos dio, en la de mis tíos y hermanos y, desde hacía pocos años, en la propia vida familiar, pues mis hijos habían llegado a la adolescencia y, como todos a esa edad, querían salir con sus amigos a fiestas y reuniones en las que nunca faltaban bebidas, algo que a mí me mortificaba todo el tiempo.

Mientras mis hijos estuvieron pequeños, pudimos mi esposo y yo acompañarlos de manera muy cercana en su desarrollo. Todo iba muy bien, pero inevitablemente, al crecer ellos, también crecieron paralelamente algunos problemas. De pronto, su educación se convirtió para mí en algo sumamente complicado. Se juntaban, ahora me doy cuenta, su genuino deseo de salir y divertirse (el alcohol es, como sabemos, un buen lubricante social) con una preocupación de madre que también resulta legítima, después de todo lo que yo había vivido y atestiguado en mi propia familia de origen.

Habían pasado lo que yo llamo «los años maravillosos», cuando mi esposo Ignacio, que se ha dedicado al autotransporte de carga y ha viajado durante toda su vida de manera intermitente y por periodos continuos y prolongados por todo México, estaba trabajando de manera permanente en la Ciudad de México, con un negocio de carga local. Eso nos permitió tener una actividad que disfrutábamos en familia (yo no la practicaba, pero me divertía a la par): el ciclismo de montaña Down Hill.

Cada fin de semana nos dirigíamos al volcán que acompaña al Valle de México, el Ajusco. La comunidad de ciclistas que conocimos cambió nuestras vidas por completo. Era agotador, pero compartíamos esos momentos con toda esa gente entregada al deporte, lo que nos dejó recuerdos inolvidables. Hicimos muy buenos amigos y éramos conocidos como «la familia DH» (Down Hill). Yo subía en la camioneta a los ciclistas y los recogía en el estacionamiento del parque. Siempre subían y bajaban hasta que no podían más. Comíamos en el Parque Ejidal San Nicolás Totolapan, platicando sobre las aventuras del día y disfrutando con la familia y amigos.

Mis tres hijos y mi esposo comenzaron a participar en competencias nacionales, y durante muchos años tuvieron excelentes desempeños en esta rama del ciclismo. Obtuvieron infinidad de medallas, incluida mi hija Ani, en su categoría. Siempre estaba alguien de la familia en el podio. Era muy emocionante verlos participar a todos: fui su porra y chofer, me encantaba estar ahí con ellos y me sentía orgullosa de cada uno de sus logros.

Poco tiempo después, mi esposo tuvo que volver a trabajar fuera de la ciudad y mis hijos empezaron la preparatoria y la universidad.

Los años dorados se fueron desvaneciendo. Empezaron los sinsabores, regaños, preocupaciones, malos ratos y castigos para cada uno de ellos. Me convertí en una madre estricta, controladora, regañona y enojona. Cuando salían a las fiestas con amigos, el alcohol comenzó a hacerse presente y, con ello, los problemas se agrandaron.

En estas fechas, mi esposo también bebía, de manera que me enfrenté de pronto a una sombra que me había acompañado siempre: la sombra del alcohol. Cuando no era uno de mis hijos el que estaba pasado de copas, era mi esposo Ignacio. Al día de hoy, me resulta muy difícil aprender a convivir con esa enfermedad que me ha seguido desde mi infancia y que con preocupación veía cómo se iba infiltrando poco a poco en mi familia.

Cuando llegaba el fin de semana, mi corazón latía más fuerte y me invadía una sensación de angustia. Sabía que se avecinaba una tormenta en casa, porque mis hijos tendrían fiesta o reunión, y el alcohol siempre estaría presente. Ponía reglas que no se cumplían o que eran modificadas sin previo aviso. Aunque quería llevar la fiesta en paz y no tener problemas con ellos, siempre había sucesos desagradables. Hubo peleas y disgustos, preocupaciones y angustias. Aún no estaba preparada para entender que el control de las vidas de mis hijos no estaba en mis manos. Ellos seguían con sus estudios, entre la preparatoria y la universidad. Yo continuaba con mi trabajo y mi esposo seguía viajando de manera continua. La vida había cambiado.

Ningún niño
tendría que vivir eso

Lo que recuerdo es un sentimiento de miedo, de vulnerabilidad, de desazón. Tenía unos cinco años cuando empecé a entender que, cuando mi padre llegaba a casa alcoholizado, todo era incertidumbre. O en las reuniones familiares, que siempre terminaban en grandes borracheras por parte de mi papá, mis tíos maternos y amigos de la familia, por lo que se suscitaban discusiones, gritos, insultos, desfiguros, arrebatos con pistolas que, de pronto, se disparaban. No recuerdo específicamente golpes, pero seguro los había. Mi mente me ha protegido de esos recuerdos tan desagradables.

Mis abuelos paterno y materno no eran alcohólicos, jamás los vi perder el juicio, ni siquiera los observé bebiendo. Mi abuela Eva, por parte de madre, se ponía muy mal cada vez que ocurría una trifulca por causa de la bebida, ya que como madre de dos hijos alcohólicos padeció toda serie de problemas familiares, insultos, humillaciones y preocupaciones, debido a que mis tíos padecían esa enfermedad. De mi abuela paterna, Maura, no tengo dato alguno acerca de la relación madre e hijo alcohólico; lo poco que recuerdo es que mi familia paterna cobijaba la manera de beber de mi padre, pues, cuando él se ausentaba de casa y de nosotros, casi siempre se encontraba con sus padres y hermanas.

El alcoholismo de mi padre provocaba estas ausencias. En su auto siempre había botellas a medio terminar, y lo que nunca faltaba en su cajuela eran las cervezas. Ni siquiera le importaba que se calentaran: así, se las bebía en cualquier momento. El auto de mi papá era algo parecido a su casa rodante, ahí guardaba la mitad de su vida. Cuando empezaba a hablar medio raro, arrastrando las palabras y subiendo el tono de voz, de inmediato me daba cuenta de que ya estaba bebiendo y sentía miedo, enojo, incertidumbre de lo que pudiera ocurrir.

Por todo esto, mi madre tomó el papel de proveedora de la familia. Constantemente había peleas en la casa. Mi papá se marchaba por temporadas: se tardaba un mes o dos en regresar, hasta que se le pasaba la borrachera y el pleito con mi mamá. Con todo, después de esos periodos adquiría sobriedad por un tiempo. Siempre fue así la relación de mis padres: irregular, intermitente, casi hasta los últimos días de vida de mi padre.

Cuando éramos pequeños y salíamos fuera de la ciudad, el regreso a casa no podía ser más angustiante, pues papá manejaba bebido y eso lo hacía fanfarronear y sentirse invencible. Mi madre suplicaba todo el camino que no manejara a alta velocidad, pues inevitablemente chocaríamos o nos ocurriría algo. La situación se tornaba fuera de control, mientras que mis hermanos y yo permanecíamos sentaditos en el asiento trasero del auto, sin emitir movimientos ni sonidos: sólo nos volteábamos a ver con caras de asombro y terror. Mis pequeñas manos sudaban y mi corazón latía más fuerte de lo habitual.

Recuerdo una ocasión cuando mi papá nos llevó a mis hermanos mayores, a algunos primos y a mí a un balneario en el estado de Morelos. Mientras estuvimos nadando y jugando, todo iba muy bien, hasta que mi papá ya no pudo sostenerse en pie por sí solo, de tanto que había tomado. Unas personas nos ayudaron a subirlo al auto y nos encontramos en la situación de que no había ningún otro adulto con nosotros para manejar el auto. Mi hermano mayor, Manuel, que en ese entonces tenía once años, tomó el volante ante nuestra mirada de estupefacción.

Apenas alcanzaba los pedales del auto y tenía poca visión, pero no teníamos otra manera de salir de ahí y volver a casa, además, empezaba inexorablemente a atardecer. Éramos un puñado de niños en una carretera, en medio de la nada, con un adulto que había abandonado su responsabilidad de cuidarnos y que estaba inconsciente. Recuerdo la cara de todos los niños que íbamos en el auto, confiando en la destreza de mi hermano Manuel. Nuevamente, mis manos sudaron y mi corazón latió con aceleración. Mi consuelo en esos momentos eran mis hermanos mayores. Me aferraba a ellos y pensé que nos protegerían, que era lo que ocurría cuando mi papá perdía el control por el alcohol.

Todo ese trayecto fue terrible, lleno de incertidumbre y desasosiego. Quizá fue algo que no debería de vivir ningún niño. Ningún pequeño tendría que convertirse en el adulto en tantas situaciones (arriesgando, además, su vida y la de otros) porque los verdaderos adultos perdían por completo el control. Con toda esa carga emocional tan pesada, con esa angustia que nos envolvió durante todo el trayecto, y con mis manos sudorosas y mi corazón latiendo aceleradamente, al final llegamos a donde estaban nuestros familiares.

***

En el estado caótico de los pensamientos que venían a mi cabeza en esos momentos en que nos dirigíamos al hospital, pude ver cómo mi hijo menor, Diego, con toda la madurez que había ganado en los años en los que forjó su carácter, nos llevaba a su hermana y a mí al encuentro del destino. Me vinieron las imágenes y los recuerdos de cuando Diego fue diagnosticado con cáncer de tiroides, a los siete años, después de una larga lista de estudios y de ir y venir con varios especialistas. La sensación fue de perder absolutamente el control: lo que estaba experimentando en esos momentos se parecía a lo que sentí aquella vez. La doctora de la escuela se había percatado de la protuberancia en el cuello que tenía Diego una mañana que fue a la enfermería por sentirse mal de la garganta. Ese mismo día, me hizo llegar una nota para que le diéramos rápidamente atención especializada a Diego.

Lo ingresamos en el Instituto Nacional de Pediatría y fue operado de Carcinoma Papilar de Tiroides. Posteriormente, recibió dosis de radiación como tratamiento complementario de cáncer. En ese entonces yo trabajaba en la escuela de mis hijos, ya que después de haberlo hecho durante mucho tiempo como comerciante (algo que traía en la sangre y que hacía para ayudar con los gastos de la casa), en 1996 tuve la oportunidad de entrar de planta a un colegio privado del sur de la Ciudad de México, en donde estudiaban mis tres hijos. Como prestación laboral, obtuve becas para ellos, lo que fue un gran desahogo económico para la familia.

Además, llegaba a trabajar con mis hijos y salía con ellos. Era un plus. Los acompañé mientras crecían. Ahí permanecí durante 22 años, en el departamento de Servicios Escolares, como trabajadora administrativa. Pero, en cuanto tuvimos el diagnóstico de Diego, dejé mi trabajo y me enfoqué en que recuperara su salud.

Recuerdo que, al principio, no podía asimilar de todo lo que conlleva una enfermedad así. Ni siquiera me lo había imaginado. En un inicio no entendía los términos médicos y no sabía por qué se debía hacer todos esos estudios. Toda la información me llegó demasiado rápido, como un balde de agua fría que recorría mi cuerpo y no tuve tiempo para analizarla ni asimilarla. Había que actuar de manera muy rápida.

Mi instinto de madre y el amor hacia mi hijo fue lo que me guio y mantuvo ante esa batalla contra el cáncer a lo largo de los siguientes años. Después de su operación, como consecuencia postquirúrgica, contrajo hipoparatiroidismo, por lo cual empezó a tomar quince medicamentos al día (Levotiroxina, carbonato de calcio y Rocaltrol), algo que, nos dijeron, sería de por vida.

Fueron consultas y estudios interminables para monitorear el estado de salud de Diego y establecer su equilibrio hormonal, como también fueron innumerables los permisos en su escuela y en mi trabajo. Conforme pasaban los años, nos familiarizamos con todo esto. Aunque sentí todo el apoyo de Ignacio, él no acudía a las consultas con nosotros, por su trabajo.

Cuando Diego cumplió doce años, nuevamente fue operado por un pequeño tumor que apareció en su mama derecha. Por suerte, este tumor resultó benigno y todo continuó como hasta ese día: revisiones constantes, toma de diferentes fármacos y citas médicas. Nunca dejé de confiar en que saldríamos adelante. No nos dimos por vencidos. Ya había experimentado en diversas ocasiones la llegada intempestiva de la muerte en mi vida y el cáncer de mi hijo me volvió a confrontar con ese destino inexorable. Como me ha pasado tantas veces, la vida me regaló con ello el entendimiento de que no hay control sobre nada.

Diego y yo tuvimos una breve terapia psico oncológica que nos ayudó mucho a confiar en que todo iría mejorando; con fe y dedicación, probablemente lo lograríamos. Cuando cumplió dieciséis años, fue remitido al Hospital Siglo XXI, en Ciudad de México, donde estuvo dos años más en tratamiento y seguimiento periódico. Al cumplir dieciocho, decidió hacerse cargo de sus consultas y estudios. Desde entonces, yo sólo intento monitorear, no me refiero a controlar, y así continúa hasta el día de hoy, a la edad de treinta y tres años, completamente remiso y sobreviviente de cáncer infantil.

Por todo lo que había pasado desde niño, y ahora como joven adulto, es una de las personas a las que más admiro, siempre centrado, abrazando su condición médica y de salud con valor, humildad y templanza, asumiendo las consecuencias de por vida por haber estado tan cerca de la muerte. Hoy, Diego es psicólogo organizacional y ciclista profesional, dedicado a su pasión, que es el ciclismo de montaña, en La Paz, Baja California Sur. Continúa con sus revisiones médicas y con su tratamiento hasta el día de hoy.

Pero en ese trayecto hacia el hospital José María, yo lo veía manejar el auto y sabía que la tensión que vivía en su interior era equivalente a la que su hermana Ani y yo estábamos experimentando en esos aciagos momentos. Los de mayor incertidumbre y ansiedad que hayamos padecido los tres en nuestras vidas.

***

Cuando mi mamá comenzó a viajar a Laredo, Texas, por necesidad de trabajo, mis hermanos y yo nos quedábamos al cuidado de mi padre. Sin embargo, en muchas ocasiones se invertían los papeles y las responsabilidades: nosotros nos veíamos obligados a cuidarlo a él. Recuerdo cuando llegaba alcoholizado: me daba pavor verlo así y saber que no se encontraba mi mamá. Ante mis ojos de niña pequeña, mi papá no hacía nada congruente.

En una ocasión, cuando llegó a casa bebido, no supo qué hacer con mi hermana menor, Eva, de un año de edad, que empezó a convulsionarse por una fiebre muy alta. Afortunadamente, mi tía Malena, que vivía en la casa dúplex de abajo, y mi hermana Gaby, se dieron cuenta de que mi hermanita no estaba bien, que algo malo le estaba ocurriendo. Ahora sabemos que estaba convulsionando, pero en esos momentos desconocíamos qué era lo que pasaba. Mi tía actuó de inmediato para salvarle la vida. Fue un gran susto para mis hermanos, para mí y también para mi padre, a quien al parecer le llegó en ese momento la conciencia de su irresponsabilidad.

Aún tengo en la mente los momentos y las escenas que viví ese día. Recuerdo que sólo corría detrás de mi hermana Gaby, estaba junto a ella para ayudar en algo que yo pudiera hacer. Básicamente, era la incertidumbre y el terror de que pudiera morir sin que mi padre pudiera hacer algo al respecto... por el estado en el que se encontraba.

***

Diego manejaba, yo iba en el asiento del copiloto y Ani en el trasero. Ya eran las 4:50 de la madrugada cuando recibí una tercera llamada de

Gaby. Su voz entrecortada se arrastraba. su llanto apenas le permitió arrojar unas cuantas palabras: «Andrea y Carlos están muertos».

En ese momento, sentí un espasmo de dolor y un hoyo en la boca del estómago. Mi hermana lloraba al otro lado del teléfono, devastada. No podía decir nada. No había palabras. «Ani, ¿qué voy a hacer sin mis hijos?».

Lloramos incontrolablemente, mis hijos estaban escuchando y también lloraban. Los primos de mi hijo Joss, los amados hijos de mi hermana Gaby, estaban «muertos». Joss iba con ellos, había pasado la noche con ellos. No podía, no quería ni siquiera imaginar qué había pasado con él; ya con ese repentino duelo de Carlos y Andrea tenía suficiente para intentar asimilar lo que sucedía.

Eran sus primos queridos con los que había crecido, jugado, explorado el mundo en sus primeros años. Hasta la fecha, sus compañeros de vida. Estábamos en un momento que rayaba en la locura, el desequilibrio. No podíamos creer lo que había ocurrido, estábamos en *shock*.

El primer encuentro real con la muerte que tuve fue en 2010, cuando mi padre fue diagnosticado con cáncer terminal de mediastino, un tipo fulminante de neoplasia que él mismo llamó «cáncer galopante». Durante cuarenta días se intentó todo, pero ya no había nada que hacer: ni él ni nadie en la familia había detectado a tiempo su enfermedad. Únicamente le brindamos cuidados paliativos en casa.

Recuerdo que, pocos días antes de morir, mi padre tenía alucinaciones con diversas imágenes y con visiones de túneles. Nos decía que había una luz al final del túnel y que familiares que habían muerto lo estaban visitando en su recámara, esperándolo para irse juntos.

Los fuertes dolores que sufría eran mitigados con parches de morfina. Cada mañana amanecía con nuevos tumores que eran palpables en todo su tronco, espalda, cabeza. Era desgarrador ver cómo se deterioraba y moría de manera tan rápida. Su vida se apagaba frente a su familia. Mis hermanos, los nietos y yo nos organizamos para cuidarlo en todo momento, día y noche.

En esas fechas, yo vivía en casa de mi madre en una pequeña vivienda adjunta a la casa grande. Los días previos a la muerte de mi papá conocí la empatía, el amor, la entrega, la determinación y también la desesperación de algunos familiares. Conocí también la crueldad de mi madre hacia mi padre, la falta de amor ante tal circunstancia.

Finalmente, mi padre falleció el dieciséis de octubre de 2010. Fue todo tan rápido, incluyendo los servicios funerarios, la cremación y el velatorio. Mi madre no acudió a la ceremonia de depósito de cenizas, algo que en su momento no entendí y que me partió el corazón.

En los días posteriores a la muerte de mi papá, me acerqué a ella tratando de ser empática. Sabía que la ausencia de mi padre le pesaba, aunque para mí era incomprensible su falta de amor hacia él en sus últimos días.

Mi padre fue el primer integrante de mi familia en irse. Fue quien me enseñó que las personas pueden cambiar cuando verdaderamente quieren. Sus últimos años fueron mejores para él y para la familia, dado que el alcohol casi había desaparecido de su vida.

Cuando se fue, le agradecí que me hubiera dado la vida y comprendí que la suya estuvo llena de sinsabores y que, con lo que tenía, hizo lo que pudo de la mejor manera. Le agradecí que hubiera sido mejor persona en los últimos años de su vida y por el cariño que tenía a mis hijos y a mi esposo. Le dije en una carta que me habría encantado que hubiera podido disfrutar más de la vida y ser un hombre feliz. Pero, después de esa muerte, vinieron muchas más.

***

Tres meses después de la muerte de mi padre, el veintiséis de enero de 2011, el día amaneció con incertidumbre por mi hermano mayor, mi querido hermano Manuel. Él trabajaba en la Central de Abasto de la Ciudad de México, en el negocio de mi hermana Eva, lugar donde los horarios comienzan desde muy temprano, generalmente en plena noche cerrada.

Ese día, mi hermano no se presentó a trabajar y no contestó el teléfono, lo que era muy raro en él, por lo que mi hermana pidió a mis hijos Diego y José que fueran a su casa. Apenas amanecía cuando mis hijos ya se preparaban para ir a verlo, junto con mi madre, pues vivíamos en su casa.

Yo me encontraba en mi lugar de trabajo cuando mis hijos me llamaron y me comentaron que irían para averiguar qué sucedía. Sólo habían pasado unos minutos cuando recibí de nuevo la llamada de Diego. Habían buscado una patrulla de policías para poder entrar a casa del tío Manuel, ya que no abría la puerta, no había ninguna respuesta y su camioneta estaba estacionada afuera de su edificio. Decidieron romper la chapa de la puerta, entrando primero los uniformados.

Mi querido hermano Manuel estaba muerto. Lo habían asesinado a golpes en su propia casa.

A tan sólo tres meses de la partida de mi padre, otra gran pérdida se hacía presente en mi vida; ésta, de manera violenta. Entré en estado de choque y ahora puedo decir que sé lo que es el trastorno por estrés postraumático. ¿Quién o quiénes lo violentaron hasta quitarle la vida? Nunca tuve un recuerdo negativo de mi hermano Manuel, quien tenía una personalidad pacífica y ayudaba a todos.

Traté de hacer un itinerario previo a su muerte. Recordé cuándo había hablado por última vez con él, el último día que lo vi. Intentaba rememorar si algo le preocupaba, si alguien lo amenazaba. ¿Tenía deudas?, ¿enemigos?, ¿conocía a quiénes lo asesinaron?

Era un duelo completamente distinto al de mi padre, ya que aquí no hubo una enfermedad con la que nos hubiéramos podido preparar lentamente para aceptar gradualmente, cada día, que su vida estaba próxima a terminar. Con la muerte violenta de mi hermano, mi familia y yo no dábamos crédito de lo sucedido. Si toda muerte es inexorable, una muerte repentina y con ese nivel de crueldad es mucho más difícil de aceptar.

Durante varios meses permaneció abierta una carpeta de investigación para saber qué es lo que había ocurrido y quién había cometido el homicidio. Sin embargo, en México, si no das dinero a la Policía, no investiga nada. Mi madre fue quien pagó altas cantidades al abogado que se hizo cargo del caso y a los policías encargados de realizar la investigación, pero no hubo resultados, ya que constantemente pedían más dinero para seguir con la investigación y mi madre decidió dejar que la investigación tomara su curso normal, sin dinero de por medio.

Todo este tiempo fue desgastante para todos, ya que en la investigación surgieron varios posibles sospechosos y detenciones de personas ligadas a mi hermano. Las preguntas sin respuestas continuaban. Hasta el día de hoy, ignoramos quién cometió el homicidio de mi hermano y por qué. Su muerte quedó impune y dejó una profunda confusión, además de uno o varios homicidas sueltos. El departamento en donde vivió mi hermano, hasta el día de hoy, y después de más de una década que recopilo estos escritos, es un misterio. Seguramente, alguien ya lo ocupó de manera ilegal, nadie de la familia volvió a acercarse por ahí.

Manuel era mi hermano mayor, mi hermano del alma, el más querido. Éramos afines en demasiadas cosas. Fue con quien más me llevaba, platicaba, reía. Desde que me casé, donde yo rentara una vivienda, él rentaba junto, arriba, en la siguiente cuadra. No sólo era un buen hermano, sino que era un tío cariñoso: adoraba a todos sus sobrinos. El mayor interés en su vida fue que mi madre cambiara su forma de ser. Convocaba a reuniones familiares para hablar con ella; desafortunadamente, la relación madre-hijo siempre fue tóxica y destructiva. Toda su vida luchó por que mis padres y todos nosotros, como hermanos, le diéramos su lugar como el hijo mayor, el primogénito, y que aceptáramos su homosexualidad. Lo intentaba constantemente.

El recuerdo que guardo de mi hermano es que siempre fue una persona extraordinaria: ¡le agradezco tanto el haberme protegido y acompañado mientras estuvo en este plano! El haber coincidido en esta vida de una manera tan cariñosa fue definitivamente un regalo. Al poco tiempo de su deceso, empecé a escribir en mis libretas especiales, que me han acompañado por tantos años, lo que me resultaba liberador, sanador y una manera de establecer comunicación entre la vida y la muerte. Este hábito me abrió las puertas a mis sentimientos más profundos hacia las personas que he amado y que he perdido.

En la primera carta a Manuel, logré desahogarme de tanto dolor. Le escribí lo que me había dejado al compartir la vida conmigo y con mi familia, y también por su comunidad de amigos, que siempre lo acompañaron y, por ende, también a nosotros. Le reconocía su constante lucha por ser feliz, su disfrute por la vida, por la comida, por el trabajo y por sus amores, y cómo esa lucha lo hizo digno de admiración.

El fallecimiento de mi padre fue un impacto que nunca había sentido a ese nivel. La de mi hermano, que vino muy poco después, fue una irrupción de conciencia, transida por el dolor más profundo, de lo que los budistas llaman la *impermanencia* de todas las cosas. La muerte había llegado a mi vida, quizá para enseñarme algo que, de otra manera, no habría podido nunca comprender. Pero nada, absolutamente nada me podría haber preparado para lo que la vida y la muerte me tenían preparado.

***

Entre sollozos, mi hermana me alcanzó a decir que ella y su esposo, Federico, estaban en el lugar del accidente y que esperarían a realizar todo lo propio de la situación: el Ministerio Público, los policías, la grúa, la delegación, las aseguradoras... En ese momento, Lalo, mi hermano menor, ya estaba con ellos, ayudando a realizar los trámites. Estaban totalmente conmocionados, no reaccionaban. Le comenté que ya casi llegábamos al hospital a ver a mi Joss y saber qué pasaba con él. En el fondo de tanto sufrimiento, albergaba la esperanza de que la suerte de mi hijo fuera distinta.

Llegamos Ani, Diego y yo al hospital José María, ubicado en Dr. Vértiz. En la entrada estaba el paramédico de la ambulancia que había trasladado a Joss a ese lugar. Entré apresurada, junto con mis hijos, a la recepción, y una doctora me dijo que mi hijo estaba muy grave, que necesitaba llevarlo a otro hospital. Salimos de ahí corriendo, con Joss en camilla, en la misma ambulancia que lo había llevado. Nos dirigimos al Hospital Venados del IMSS.

Ya en la ambulancia, vi la condición en la que estaba. Aparentemente, no se veía golpeado o sangrando. Le tomé la mano, le hablé, diciéndole: «Hijito, aquí estoy contigo, tus hermanos también están aquí; no te preocupes, aguanta hasta que lleguemos al hospital». Sentí un dolor indescriptible en mi corazón mientras le decía estas palabras de aliento. Estaba segura de que me escuchó: movió sus ojos y su mano. Lo veía y no lo podía creer: «Estoy viviendo esto —me decía—; mi hijo está accidentado y muy grave».

Ani iba conmigo en la ambulancia y nos seguía Diego en el coche. Se me hizo eterno el trayecto de un hospital a otro que, en realidad, era muy corto. La velocidad y la sirena de la ambulancia me impactaron mucho en ese momento y me marcaron para siempre. Me quedó rechazo y miedo a las ambulancias y sirenas después de ese momento.

Llegamos al Hospital Venados y Ani bajó corriendo de la ambulancia para abrir las puertas de Urgencias del hospital. Todos corrimos junto a la camilla de Joss, dirigiéndonos a la sala de Urgencias. El personal médico nos preguntó qué había ocurrido y por qué habíamos ido ahí. Todo era confusión. Al final decidieron atenderlo, ya que era el segundo hospital al que acudíamos. Me volví a acercar a la camilla de Joss y le dije que todo iba a estar bien, que ahí estaba con él, y volvió a mover ligeramente los ojos. Quise pensar que me escuchó y salí de la sala de Urgencias para que los doctores apuraran su trabajo.

De pronto, me vi en la sala de espera junto con mis hijos, los tres consternados. Notaba el paso de los segundos, cada detalle del mobiliario, de las paredes, en una especie de conciencia expandida que, a la vez, se percibía completamente desnuda. Llena, con una plenitud indescriptible, y al mismo tiempo irremediablemente vacía. No sé cuánto tiempo pasó hasta que salió un médico y nos informó que mi hijo estaba muy grave, que estaba muy lastimado internamente y que sus lesiones eran muy serias. Que debíamos considerar su muerte y que lo continuarían atendiendo.

***

Mis padres, Manuel y Eva, dedicaron su vida al comercio. De mis cuatro hermanos (Manuel, Gaby, Lalo y Eva —yo soy la de en medio—), fui la más tímida, miedosa, callada, introvertida y poco sociable. Tenía esa sensación de no ser vista, principalmente por mis padres y, en consecuencia, por los demás. Me gustaba estar con mis hermanos mayores, que siempre fueron mi compañía, mi refugio y mi seguridad.

Mis padres no tenían las herramientas para darme calidez, acompañamiento y amor. Aunque no pertenecí a una familia acomodada, nunca me faltó de comer ni de vestir. Siempre tuvimos lo necesario del día a día. La casa en donde vivíamos era la de mis abuelos maternos; se situaba en una zona popular, cerca de un gran mercado de la Ciudad de México. No obstante, la disfuncionalidad de mi familia estaba siempre presente, como trasfondo de todo lo que viví de niña. A mis padres los obligaron a casarse, mi padre sufrió de alcoholismo y mi madre asumió el papel de proveedora de la casa, formando poco a poco un matriarcado tiránico.

Los viajes que tuve en mi infancia eran a Cuautla, Morelos, en donde mis abuelos tenían una casa de campo con un enorme jardín, alberca y columpios. La pasaba genial con mis hermanos y primos. Mis padres nos mandaban con mis abuelos maternos, mi tía Malena y su esposo Carlos, pero ellos no iban. Cuando anochecía, quería que estuvieran ahí mis papás, situación que nunca sucedía.

Cuando tenía seis años, mi papá me salvó de morir arrollada por un camión de pasajeros que se quedó sin frenos. El camión se impactó en la taquería en donde yo estaba sentada, justo en la entrada. Mi papá me tomó de la mano y me levantó por los aires para quitarme de ese asiento, exactamente un instante antes de que ocurriera el accidente. El enorme camión se incrustó en aquel local. Fue mi primer encuentro cercano con la muerte, mi susto fue enorme. Entonces, un tío me apodó «Estrellita del sur», sobrenombre que ahora acojo y abrazo amorosamente.

Poco tiempo después, llegó el día en que mi cabellera estaba poblada por una gran colonia de piojos; el descuido en mi persona era evidente, pero yo sólo era una niña. Mi papá era el que se esmeraba en quitarme esa cantidad de piojos con peines especiales que me compraba. Me ponían boca abajo en el lavabo del baño y me escarmenaba el cabello para quitármelos. Me sentía tan asustada y avergonzada... Recuerdo que comenzaba a contar los piojos que caían de mi cabeza: uno, dos, tres, diez, once... y perdía la cuenta; optaba por cerrar los ojos. Quien se dio cuenta de que tenía piojos y liendres fue mi querida tía Malena. Rememoro con vergüenza haberme presentado a la escuela con el cabello muy cortito y no querer decir por qué me lo habían cortado así; era mi secreto en la escuela, el que jamás saldría a la luz.

En mi infancia y parte de mi adolescencia vivíamos en la parte alta de una casa dúplex, propiedad de mis abuelos maternos. Mi tía Malena vivía en la parte inferior y la cercanía de las viviendas nos permitió convivir muy de cerca durante mucho tiempo (los primeros dieciocho años de mi vida, por fortuna estaba mi tía para cuidarnos, apoyarnos, llevarnos a la escuela por años y convivir amorosamente con mis hermanos y conmigo, cuando nuestros padres no lo hacían, lo que era una constante). Esa casa pequeña se situaba en la calle de Sur 83, zona cercana al centro histórico de la Ciudad de México. Tenía un patio estrecho y largo con piso de color rojo y amarillo, en donde jugábamos todas las tardes mis hermanos, mis primos pequeños y yo.

Pasé junto con mi hermana Gaby muchas noches de pláticas y risas en nuestra pequeña habitación, que compartíamos. Teníamos una cama individual para cada una y en la parte baja de nuestro clóset había una enorme caja de cartón llena de juguetes de mis hermanos pequeños, los zapatos de ambas y la ropa que compartíamos ella y yo. Esas pláticas eran interrumpidas por gritos de cólera de mi mamá, que nos exigía callar en ese instante.

Algo que disfrutaba de pequeña y me ponía feliz era ir a casa de mi abuela materna, que también se llamaba Eva, yo la nombraba cariñosamente *abue*. Nos íbamos caminando una cuadra mis hermanos y yo para llegar donde ella. Me sentía querida y apapachada por mi abuela. Nos daba de comer delicioso, veíamos televisión en una de las salas de la casa y, cuando era época navideña, ayudábamos a adornar el árbol de Navidad, que siempre fue artificial y de color plateado. En la parte baja le colocaban un reflector de colores que me maravillaba ver girar mientras estaba tirada en el suelo de la sala por largos ratos. Me encantaba ver el árbol iluminado de colores y en el comedor me producía deleite estar jugando debajo de la mesa, que era muy grande, de madera tallada, con diferentes figuras en las patas, en los respaldos de las sillas y en los muebles trinchadores.

Había un corredor o *hall* grande en la parte baja, que conectaba a todas las zonas de la casa. Desde ahí podías ir a la cantina, la cochera, la cocina, la escalera, las dos salas, el comedor y el recibidor. La escalera era de piedra rojiza y te llevaba a la parte alta de la casa. Ahí nos subíamos *de caballito* al barandal de madera, para bajar todo el trayecto al escalón de descanso: todos los nietos hacían lo mismo. Debajo de la escalera había una pequeña bodega, llena de cosas inservibles, como cacerolas viejas, cajas de cartón, periódicos, triques, cascos y botellas vacías empolvadas que caían sin cesar, porque los ratones las tiraban al correr cuando abrías esa puerta.

Había patios internos y externos; el espacio de la cantina siempre me gustó, porque me servía para robar los refrescos escondidos de mi abuelo y para ocultarme cuando jugábamos *escondidillas*. En la parte de arriba, junto a un ventanal, se encontraba la jaula de los pajaritos de mi abuela, que en ese tiempo yo veía enorme. Le ayudaba a cambiar el agua. También se encontraba ahí un hermoso ropero, tallado en madera oscura; me encantaba que mi abuela lo abriera y me enseñara las cosas que guardaba: literalmente como la canción de Cri-Cri: «Toma el llavero, abuelita, y enséñame tu ropero...». Conocía perfectamente cada espacio y escondite de esa casa, que me parecía tan grande y maravillosa. Viví una época mágica en ella.

Años después, cuando crecí y fui adolescente, las relaciones familiares con mi abuela y mi tía Malena se deterioraron, se destruyeron, se volvieron nulas. Mi madre dejó de hablarles por problemas familiares. En el fondo, no sé lo que ocurrió; lo que recuerdo es que estaba de por medio el dinero y, como uno imita lo que los padres hacen cuando se es joven, dejamos de visitar a mis queridas abuela y tía.

Pasaron diez largos años sin que tuviéramos contacto familiar, hasta que un día de agosto mi abuela murió. Entonces, mi mamá corrió al hospital en donde se encontraba ella, pero ya no la encontró con vida. Mi madre le pidió perdón al cuerpo sin vida de mi querida *abue*. Y a los ocho días de su muerte, nació mi amado hijo Joss.

Este suceso me dejó una gran enseñanza de las relaciones familiares, en especial de mi madre, porque era mi ejemplo a seguir. ¡Qué triste llegar al extremo de dejar de hablar a tu familia, a tu madre y hermana durante más de diez años!

De las anécdotas desagradables con mi madre, la más significativa, y que destaco, fue que diferenció a sus hijos de manera muy marcada. Tenía sus preferidos y te lo hacía saber sin ningún tiento ni mesura. Esas preferencias también las hacía con sus nietos, y eso me hería profundamente, porque ya eran mis propios hijos los que estaban siendo despreciados y tratados de manera irrespetuosa.

El apoyo moral, espiritual, económico y maternal, en mi caso, fue casi nulo. Mi madre evitó a toda costa apoyarme económicamente, aun teniendo gran capacidad para hacerlo. Siempre tuvo enormes diferencias en el trato conmigo y preferencias hacia mis hermanos, a quienes ayudó financieramente en repetidas ocasiones. En algún momento de mi vida llegué a pensar que probablemente yo no era su hija, que había sido producto de una violación o algo por el estilo. No comprendía por qué se comportaba de esa forma conmigo, creo haber sido siempre una buena hija: no le di ni un solo motivo para actuar de esa manera. Ante eso, yo no podía hacer nada. Al pasar el tiempo y los años, trabajé exhaustivamente todos esos sentimientos y emociones devastadores en mi corazón, lo cual mencionaré más adelante.

***

En lo que se refiere a la escuela, desde muy pequeña tuve beca escolar, de tal forma que permanecí durante más de ocho años en una escuela renombrada de la Ciudad de México, en la colonia del Valle. Era de las estudiantes que memorizaba casi todas las materias, aprendía todo de memoria, aunque después olvidaba todo: la finalidad era sacar dieces para mantener la beca.

Cuando crecí, estudié decoración de interiores y diseñadora floral, pues disfruto en general todo lo que sea trabajo manual. Mi adolescencia transcurrió como cualquier otra: despreocupada por lo que pudiera venir, salvo cuando el alcoholismo de mi padre irrumpía en casa de manera violenta.

Con la familia de mi padre tuve escaso o casi nulo contacto, aunque mi papá sí los frecuentaba mucho, pero iba a visitarlos sin nosotros, dado que mi madre no se llevaba bien con ellos. Y tampoco fomentó que tuviéramos mis hermanos y yo una relación con esa parte de nuestra familia.

Ayudaba a mis padres en todos los negocios que tuvieron como comerciantes y restauranteros, a la par que estudiaba y apoyaba en las tareas de la casa, y con la crianza de mis hermanos menores, Lalo y Eva. Pero ese fantasma del alcoholismo de mi padre, de mis hermanos y de tíos maternos estaba siempre ahí, agazapado, atemorizante. Eso marcó mi vida para siempre. Empecé a tener miedos e inseguridades por la violencia, las peleas... y lo que ocasionaban.

***

Mis queridos hermanos Manuel y Lalo fueron alcohólicos desde muy corta edad. Manuel estuvo mucho tiempo en un grupo de Alcohólicos Anónimos, desde su juventud, y eso le permitió mantenerse sobrio por más de veinticinco años, lo cual le daba orgullo y, al compartirlo, invitaba a otros alcohólicos a que asistieran a los grupos de doble AA. En su juventud, tuvo varios accidentes automovilísticos y pérdidas materiales. Hubo ocasiones en que Ignacio y yo íbamos a recogerlo a bares y cantinas, ya que nos llamaba para que fuéramos por él. Me sentía tan mal de ver así a mi hermano... Me dolía verlo tan indefenso, totalmente vulnerable. Nunca supe cómo ayudarlo. No entablé conversaciones con ninguno de mis hermanos acerca de esa enfermedad. Me sentía asustada y me enojaba verlos consumiendo alcohol. La experiencia de haber vivido desde muy niña con la angustia de que todo de pronto puede cambiar, porque mi padre o mis tíos ya estaban bebidos, y que todo podía degenerar en violencia, me impedía ver las cosas con claridad. Y cada uno de estos episodios me regresaba a esos recuerdos, que en ese entonces habría querido enterrar.

De igual manera, mi hermano Lalo ha tenido diversos accidentes automovilísticos y su matrimonio se debilitó por el consumo del alcohol. Perdió propiedades y negocios exitosos por el mismo motivo. Sin embargo, algo por lo que lo admiro es que hace varios años dejó de consumir y se mantiene sobrio por amor y voluntad propia: ha transformado su vida emocional de manera sorprendente.

Mi esposo Ignacio también consumía alcohol casi a diario y, en ocasiones, perdía el control y hacía cosas muy desagradables, que me enfurecían. Debido a su actividad de transportista, pasé infinidad de noches sin dormir, rezando para que no le ocurriera nada, que no tuviera un accidente, una pelea o un robo. Cuando escuchaba llegar el auto o la motocicleta, mi alma descansaba, pero entonces me daban ganas de ahorcarlo por los malos momentos que me había hecho pasar. A veces eran días de no saber nada de él y eso me consumía por completo, me sentía sin ganas de nada. Irme a trabajar de esa manera era una situación muy estresante: pensaba todo el día en dónde podía estar y con quién, y si habría tenido un accidente o estaría detenido. No fueron pocas las ocasiones en que reporté su desaparición al teléfono de atención a la ciudadanía, y no paraba de pensar en calamidades hasta que aparecía en casa o me contestaba por fin el teléfono.

Decidí acudir a los grupos para familias de alcohólicos, llamados Alanon. Ahí asumí que no era culpa mía que mi esposo bebiera y que debía poner mi atención específicamente en mí y no vivir pendiente de las actitudes del alcohólico. Me costó mucho trabajo entender que es una enfermedad de las emociones. Dejar a mi esposo que actuara como él consideraba adecuado me liberó. Sin embargo, cuando el momento fue propicio le comenté tranquilamente que perder el control nos hacía daño a todos, que debía agradecer por todo lo que tiene en la vida y no echar a perder lo que habíamos logrado con base en mucha constancia, amor y perseverancia. Siempre está latente el consumo en él; no obstante, ya no me quita el sueño como antes. Ahora ya no sufro por algo que no está en mis manos resolver. Es responsabilidad de cada quien mantener su bienestar y salud física y mental. Lo bueno de esto es que Ignacio ha aprendido a controlarlo.

***

Me enamoré a los quince años de Ignacio y empecé a luchar por ese amor. Tuve problemas familiares, desacuerdos y muchas lágrimas, ya que mis padres no lo querían para mí. El inconveniente para ellos era que Ignacio tenía un matrimonio anterior y una hija, Jessica, con otra mujer. Su matrimonio se llevó a cabo de manera forzada por un embarazo que estaba en marcha, careció de estabilidad, comprensión y amor; por consiguiente, esa relación quedo completamente destruida en todos los aspectos.

Después de vivir siete años de noviazgo, y una vez arreglada la situación civil de Ignacio, nos casamos en diciembre de 1985. Yo tenía 22 años e Ignacio 29. Lo que nos hizo decidirnos fue la experiencia del terremoto de 1985, que sacudió la Ciudad de México, dejando una estela de destrucción como no habíamos visto jamás. Eso nos hizo reflexionar sobre la fragilidad de la vida, pues habíamos visto la muerte de miles de personas, así que quisimos aprovechar nuestro momento, valorando el haber sobrevivido, y vivir ya en pareja.

En enero de 1986, nos casamos por la iglesia en el Templo de Santa Mónica, en la colonia del Valle. Nos fuimos de luna de miel a recorrer en auto varios Estados de la hermosa República Mexicana, como Querétaro, Jalisco, Colima, Sinaloa y Baja California Sur, en tres semanas inolvidables.

Con el tiempo, nos convertimos en padres de tres hermosos niños: Ana, José y Diego. Me dediqué por completo a mis hijos y a mi esposo. Siempre estaba para ellos, optimista, ocupada en el día a día, conviviendo con las familias de ambos lados, viendo crecer a los niños. Cuando los hijos son pequeños, los padres creemos que todo lo tenemos bajo control, que tenemos el control sobre sus vidas.

Al crecer un poco más, se llenaron de actividades extraescolares, como natación, fútbol, básquetbol, karate y terapias de lenguaje, en el caso de Diego, ya que se le dificultaba hablar. Fueron varios años de terapias. Pese a tanto trajín, tenía mucha energía y satisfacción por lo que realizaba en el día: mi receta secreta era que todo lo hacía con amor.

Nuestra situación económica no era buena, continuamente vivíamos al límite y con retraso en los pagos de las escuelas, los servicios, el alquiler de la casa y la alimentación. Cumplimos con todo, aunque muchas veces a destiempo, como la mayoría de las familias, pues hay épocas mejores que otras.

Para ayudar con la economía de la casa, empecé a trabajar en una *boutique* de ropa de importación que tenía mi madre. No era mucho lo que ganaba, pero alcanzaba para ayudar a los gastos de la casa.

Poco tiempo después, mi madre me dio a consignación mercancía de su *boutique* para que yo la vendiera un día a la semana en un tianguis cercano a la casa donde vivíamos. El resto de los días me presentaba a trabajar en la tienda. Fueron varios años los que permanecí haciendo este trabajo informal, algo muy duro, pero me gustaba bastante vender, tener contacto con la gente, así que me convertí en una buena comerciante. Lo que resultaba más difícil era la relación con mi madre, que siempre había sido problemática y se fue deteriorando cada vez más, hasta convertirse en una relación de agresiones constantes hacia mí, con actitudes que me llegaron a destruir completamente en una etapa de mi vida y que tuve que trabajar con la técnica de logoterapia que describiré más adelante.

***

Cuando era adolescente, mi madre me diligenciaba con una rudeza inexplicable, como si se tratara de un cuento de hadas... excepto que nunca llegábamos a la mejor parte del relato. Mi hermana Gaby y yo éramos las cenicientas de la casa: trabajábamos en sus negocios y nos hacía responsables del cuidado de nuestros hermanos menores. Si acaso queríamos algo, como salir de fiesta, debíamos literalmente trabajar todo el día haciendo los quehaceres y, si terminábamos temprano, nos imponía más trabajo para que no acabáramos y nos quedáramos sin salir.

A pesar de que mi madre es mitómana crónica y que siempre buscaba a alguien a quien descargar todas sus frustraciones (durante muchos años fueron mi padre y mi hermano Manuel y, cuando faltaron ellos, yo tomé ese lugar), en mi infancia no era tan mala conmigo. La vida la transformó con un esposo alcohólico y sus problemas de pareja, de dinero, y familiares.

El tránsito de mi madre fue especialmente ilustrativo de su confusión mental y de su constante necesidad de atacar a las personas que tenía a su alrededor, de culparlas de su propia infelicidad. Antes de que supiéramos que mi papá tenía un cáncer agresivo y terminal, mi madre lo corrió de la casa argumentando que necesitaba rentar la recámara que utilizaba mi papá. No lo atendió en nada durante muchos años, ni siquiera cuando estaba enfermo. La persona que nos ayudaba con la limpieza tenía prohibido limpiar la recámara de mi padre: no le lavaba ropa ni le hacía comida. De hecho, le escondía la comida, para que no comiera. Siempre lo humilló, diciéndole que era un mantenido, holgazán, borracho, metiche, pendejo, etcétera, y mi papá, por su carácter débil, la aguantó hasta que se murió. Mi madre no asistió a su depósito de cenizas. A lo largo de los años, me di cuenta de que muchos de los sentimientos más terribles que puede tener un ser humano los tiene mi madre.

Después de un tiempo de la muerte de mi hermano Manuel, decidí que teníamos que ir mis hermanos y yo a su departamento para arreglarlo y cerrar el ciclo con esa casa y con todas sus pertenencias, que se habían quedado abandonadas después de su partida. Fuimos varios integrantes de la familia: hermanos, sobrinos y mi cuñado. Cada uno se quedó con algo que perteneció a él como recuerdo, todo era valioso para nosotros. Mi intención fue buena al pensar, organizar y reunir a la familia para ir a su casa: lo hice de corazón, por amor al hermano que tanto había querido. Sin embargo, mi madre me reclamó de una manera espantosa, me gritó una serie de cosas desagradables y estuvo a punto de pegarme. Me hizo sentir tan mal por haber ido al departamento de mi hermano y convocar a la familia para ir juntos, como si hubiera sido el pecado más terrible jamás cometido.

Poco después, en una de las ocasiones que fui a dejarle flores a su tumba, recuerdo que le pedí perdón por haber ido a su casa. Posteriormente me di cuenta de que lo había hecho por ese sentimiento tan negativo, tan pesado, como de profanación, como de delito, que me había incrustado mi madre en el inconsciente. Cuando se tiene una relación con una persona narcisista, puede uno terminar completamente devastado y, cuando esa persona es la propia madre, la devastación es aún mayor y se queda para siempre, a menos que se haga un trabajo intenso para sanar eso que quedó grabado tan profundamente en el alma. Ese trabajo me tocó realizarlo más adelante, años después, entre otros que la vida me tenía destinados.

***

En el momento en que el médico nos anunció la gravedad de mi Joss, sentí un dolor que es imposible definir. Seguimos esperando en la sala con angustia, miedo, desolación. Pero me decía a mí misma que debía ser fuerte ante lo que estaba pasando. Nunca perdí la esperanza de que sucediera un milagro.

Estábamos tremendamente dolidos por la muerte de mis sobrinos Carlos y Andrea, pues media hora antes nos habíamos enterado de su fallecimiento. Aunque estábamos dolidos por lo que estaba pasando mi querida hermana y su esposo, no podíamos adentrarnos en ese duelo específico, porque teníamos que estar al pendiente de lo que pasaba con Joss. Los minutos se hacían eternos en esa fría sala de espera.

A las 6:25 de la mañana salió del quirófano una joven doctora para informarnos de que a Joss le habían dado dos paros cardiorrespiratorios y que del último no se había recuperado: mi hijo había muerto. El dolor que sentí en ese momento es el más intenso y profundo que jamás pensé que se pudiera sentir. Se apoderó de toda mi persona.

Ani, Diego y yo empezamos a llorar descorazonadamente, en un abrazo desesperado. No recuerdo siquiera si pudimos permanecer de pie. Minutos después, entramos a la sala donde se encontraba José para despedirnos, abrazarlo, decirle cosas de cariño y amor. Su cuerpo aún estaba tibio, yo tenía una sensación de gran impotencia de estar ahí con mi hijo muerto, de verlo sin vida, tendido en la camilla, con sus ropas rotas, golpeado en lo más íntimo, en el centro de su cuerpo. Lo abracé y le dije que lo amaba. Le di las gracias por ser mi hijo, no me quería ir de él. Y sus hermanos tampoco.

Ellos lo abrazaban, lloraban sin fin, sin reparos, sin pudor, sin reticencias. Se agazaparon, se agacharon junto a su hermano, diciéndole cosas hermosas. Una imagen conmovedora y de mucho dolor. Su primo Omar también entró a despedirse de Joss. Mi cabeza, mi mente aturdida, no podía asimilar el momento. Finalmente, una enfermera nos dijo que debíamos salir de la sala para preparar el cuerpo, trasladarlo a las autoridades competentes y comenzar con los trámites legales.

Me despedí de mi Joss, sus hermanos y su primo hicieron lo mismo. Estábamos afuera del hospital, mi hija Ani se encargó de hacer las llamadas a la familia para informar de lo sucedido. Yo intenté comunicarme con Ignacio, sin lograrlo. Llegaron al hospital mi hermana menor, Eva, y su esposo Omar. Ellos me llevaron al Ministerio Público, ubicado en Obrero Mundial y Cuauhtémoc, para hacer mi declaración. Declarar lo poco que sabía de cómo había ocurrido el accidente.

Mi hermana Gaby y su esposo se encontraban en otro Ministerio Público del sur de la ciudad, a donde llevaron a los cuatro muchachos que fallecieron en el lugar del accidente. Mi hermana y yo nos comunicamos para informarnos de lo que había ocurrido en el accidente y poder hacer nuestras declaraciones.

No sé cuánto tiempo pasé en la oficina del Ministerio Público, esperando que llevaran ahí el cuerpo de José para realizarle el examen médico pericial y rendir mi declaración. Al lugar iban llegando varios familiares cercanos, entre ellos Jessica, la hija mayor de Ignacio, y Gabriel, su esposo, mi querida tía Malena y mi primo Carlos, entre otros.

Seguía sin poder comunicarme con Ignacio. Lloraba, lloraba, lloraba. Empecé a declarar lo poco que sabía del accidente. La Policía Judicial mencionó el nombre del presunto culpable, quien les chocó el automóvil a los muchachos, proyectándolos y haciendo que su auto volcara; al parecer, iba en completo estado de ebriedad junto con dos de sus acompañantes, quienes salieron ilesos del accidente.

En ese momento me di cuenta de que, por azares del destino, en una ciudad con millones de habitantes, el causante del accidente era el joven vecino de la casa de al lado de donde habíamos vivido un tiempo, en la colonia Héroes de Churubusco, unos años antes. Dudaba del nombre, todo estaba confuso en mi cabeza. Ahí fue cuando me dieron la noticia de que una joven que iba con los muchachos en el auto acababa de morir. Ya eran seis personas las que habían perdido la vida y volví a llorar desconsolada, pensando también en lo que estaban pasando los padres de esos otros jóvenes.

Hablamos por teléfono Gaby y yo acerca del funeral de nuestros hijos, para ponernos de acuerdo en lo que íbamos a hacer. Decidimos que en una funeraria arreglarían sus cuerpos y que el sepelio lo realizaríamos en casa de la abuela Eva, ya que el espacio era grande y adecuado. Queríamos que fuera más cercano e íntimo y allí sería ideal para velarlos.

Por fortuna, nuestros hermanos Lalo y Eva y mi cuñado Omar se hicieron cargo de muchos de los trámites funerarios: acuerdos referentes al paquete de carroza, los ataúdes, precios, certificados médicos, autorizaciones, cortejo, lugar del velatorio... y de muchas cosas más que en esos momentos alguien tenía que realizar. Agradecí a Dios que ellos estuvieran apoyándonos y haciendo todos estos trámites, porque nosotras no podíamos. Sin embargo, desde el primer momento nos pusimos en sintonía mi hermana Gaby y yo para tomar estas difíciles decisiones.

Para esa hora había llegado gente de mi trabajo para apoyarme: mi querida amiga Margarita. El colegio donde yo trabajaba me apoyó moral, legal y económicamente, ayuda que valoraré por siempre y guardo en mi corazón con total gratitud.

Alrededor del mediodía, logré comunicarme con mi esposo Ignacio y le pedí que tomara el primer vuelo, informándole de que José estaba muy grave. No tuve el valor en esos momentos de decirle que había muerto. Sin embargo, Ignacio intuía que algo extremadamente grave había ocurrido. Tres horas después, volví a hablar por teléfono con él y me armé de valor para decirle, con todo el dolor de mi corazón, que Joss había muerto, que nuestro querido hijo había fallecido.

Ignacio se desvaneció y empezó a llorar. Estaba lejos de todos, solo, en Tijuana, Baja California. Estaban unos conocidos de su trabajo con él y me comentaron que se desplomó, que casi se desmaya. Afortunadamente, mi hermana Eva se encargó de gestionar los trámites de un vuelo de Tijuana a México para que Ignacio viniera con nosotros.

Después de hablar con él, el Ministerio Público me pidió ir al anfiteatro para reconocer a mi familiar. Entramos a realizar esa gestión sus hermanos y yo. Fue uno de los momentos más difíciles de cualquier vida, de cualquier persona que haya tenido que pasar por eso. Todo lo que viví ese día fue atroz; sin embargo, reconozco que Dios estuvo a mi lado todo el tiempo. Ver a Joss acostado en una mesa de aluminio grande, helada, desnudo, con golpes en su cuerpo visibles a primera vista, rígido, con su pierna derecha destrozada... fue una imagen pavorosa. Todos lo abrazamos y lo besamos llenos de lágrimas. Nos despedimos de él, en ese momento difícil de olvidar.

Seguimos esperando por los trámites faltantes para, de ahí, dirigirnos al Servicio Médico Forense (Semefo), donde harían la necropsia. Ya eran las 16:30 horas, aproximadamente. Jessica, la hija de Ignacio, generosamente nos compró hamburguesas a toda la familia para que comiéramos algo antes de partir de ese lugar. Esos gestos de empatía y amor son los que nos hacen sentirnos acompañados en estos momentos de tanto dolor.

Ahí estaba yo, en ese lugar. Nunca me había preparado para este momento. Estaba en espera de la autopsia y de los trámites que se requieren. Me sentía frágil, aturdida, doliente, pidiendo a Dios fortaleza para enfrentar lo que estaba viviendo. En ese momento, llegaron unos conocidos de la familia a saludarnos, pero en ese lugar lo menos que quieres es que te «visiten». Me pareció una falta de respeto total a la familia, a nuestra intimidad, al suceso, a los dolientes. Me enfadé bastante por su morbo desbordado. No crucé una palabra con ninguno de ellos y se marcharon de ahí, tras comprender su imprudencia de haberse presentado en ese lugar.

Me llamaron al interrogatorio de ley y me acompañó el esposo de Jessica. Me pidieron reconocer nuevamente el cuerpo. Fue entonces cuando Gabriel —*Gabo*—, me recomendó que yo ya no entrara y pidió reconocerlo solamente él. En ese momento, sentía que caminaba y hablaba por inercia; mi estómago estaba bastante deteriorado y me sentí muy mal. El cúmulo de emociones me estaba afectando.

Continué ahí por horas. Algunos familiares se fueron para organizar y comprar lo necesario para ofrecer a la familia y amigos, y arreglar el espacio del velatorio, que sería en casa de la abuela. Un poco después me informaron de que había finalizado la necropsia: mi Joss ya estaba listo para partir a la Funeraria de General Prim para que arreglaran su cuerpo. Con tristeza, detrás de la carroza fuimos los familiares que me acompañaron, mis hijos y yo.

Esperaríamos ahí a que llegaran los cuerpos de Andrea y Carlos: los tres primos partirían juntos de la funeraria a casa de su abuela. Ellos aún no habían salido del Ministerio Público y todavía faltaba que fueran al Semefo, y de ahí a la funeraria. Eran las 20:30 horas del día cinco de junio. El cansancio, el dolor y la falta de sueño ya hacían estragos en mí. Faltaba tanto tiempo y trámites que realizar, que tomé una gran cantidad de café para mantenerme en pie.

Me sentía un poco más tranquila tras haber informado a Ignacio de la verdad acerca de la muerte de Joss, y también porque supe que ya venía en camino: ya había abordado su vuelo con destino a la Ciudad de México. Haber enfrentado todo lo que he relatado sin mi esposo había sido muy difícil. Jessica y Gabriel recogieron a Ignacio a su llegada en el aeropuerto y se fueron a la agencia funeraria, a las 23:15 horas.

Pude respirar y desahogarme. Él también estaba aturdido, sombrío y distante. A las 23:30 horas, el cuerpo de Joss ya estaba preparado para soportar dos días de funeral, misas y sepultura en un cementerio a las afueras de la ciudad.

Esperamos ahí hasta que sus primos Andrea y Carlos llegaron, para que todos fueran preparados de la misma manera. Sus trámites tardaron más tiempo, ya que eran dos cuerpos los que debían cumplir los trámites requeridos por ley. A los tres les esperaba una despedida extraordinaria, inolvidable, un magno y memorable funeral. Eran unos jóvenes llenos de vida, de ideas, de sonrisas, de graciosas ocurrencias, de detalles enternecedores, de camaradería sin fin, de voluntad de crecer, de ganas de aprender y llenarse de todas las cosas hermosas que tiene esta vida. Esa madrugada, un conductor ebrio les había arrebatado para siempre todas y cada una de esas posibilidades. No podrían hacer ya nunca nada más, ni cumplir ninguno de sus sueños, ni volver a dirigirse a sus padres, a sus hermanos, a sus amigos. No podrían siquiera volver a escuchar una palabra. Ni siquiera «te amo», ni siquiera «eres mi hijo», «eres mi hija», «aquí estaré contigo y siempre te voy a proteger». Quizá, la vida no era tan hermosa después de todo...

***

José Alfredo Angel Márquez, a quien llamaba cariñosamente Joss, fue mi segundo embarazo. Nació una semana después de haber fallecido mi abuela materna, Eva. Fue un bebé muy sociable, sonriente, el más inquieto de los tres: siempre se golpeaba por lo mismo, constantemente andaba con algún chipote, alguna cortada o raspada, y era a quien generalmente le llamábamos más la atención. Antes de cumplir un año, empezó a caminar y a hablar. En su fiesta de dos años tuvo su primera moto, una moto triciclo roja. Desde ahí le encantaron las motocicletas. Tenía alma de líder y era muy aventurero; contaba con muchas destrezas físicas. No le gustaba el agua, no quería bañarse. Aunque esa renuncia pasó pronto, se le quedó la fama en la familia y sus hermanos lo acabarían molestando con eso, de manera divertida y fraterna.

Joss fue un buen hermano en todas sus épocas. Aunque de pequeños peleaban un poco más, eran discusiones de niños. Cuando fueron creciendo, con Ani tenía mucha afinidad: parecía que la quería proteger. Con Diego también hizo muy buena unión de hermanos: se molestaban, se echaban carrilla, se decían apodos, pero era su manera de convivir amorosamente, porque nunca llegaron a disgustarse más allá de cualquier diversión.

Junto con sus hermanos, Ana y Diego, disfrutaban muchísimo las vacaciones. En ocasiones, íbamos a Cuautla, a la misma casa donde yo solía ir de pequeña, la de mis abuelos maternos. Otras veces el destino era Acapulco, en donde rentábamos una casa y nos reuníamos con toda la familia. En la época en la que Ignacio estableció su negocio de transporte en Manzanillo, Colima, la única opción de salir de vacaciones era irnos para allá, lo cual no nos disgustaba en absoluto. Las épocas navideñas era todo un ritual: quedábamos de acuerdo Ignacio y yo dónde habríamos de pasar Navidad y Año Nuevo, con qué familia íbamos a cenar, aunque generalmente siempre visitábamos a las dos familias el mismo día. Si cenábamos en casa de una familia, ya entrada la noche nos íbamos a casa de la otra, y llegábamos al amanecer, con los niños dormidos, cenados, bailados y enfiestados. Sé que mis hijos tienen muy buenos recuerdos de esas fiestas.

Santa Claus nunca llegó a nuestra casa, y eso es algo que José siempre reclamaba. Sin embargo, los Reyes Magos siempre llegaban, y eran muy generosos; yo fui cómplice de ellos, lo mismo que Ignacio, y creo que en ese afán de poder darle a sus hijos lo que él no tuvo, pues, aunque siempre le llegaba algo de regalo de Reyes, lo tenía que compartir con sus... trece hermanos.

A mis hijos siempre les gustaron las mascotas: José tuvo un conejo que se llamaba Rex y, además, pollos, patos, y perros. La última mascota fue una perra labrador llamada Lucka, que murió a los seis meses de que José falleciera.

De adolescente, Joss fue muy social y amiguero, y eso le abrió las puertas a diversas actividades y a conocer a muchas personas, a ser de alguna manera galán con las chicas que conocía. Fue muy ocurrente y popular en la secundaria y la preparatoria. Siempre hacía deporte: ciclismo de montaña, patinaje y hasta tuvo una temporada en que le apasionó el monociclo, tanto que lo llegó a dominar a la perfección, a pesar de que exige una gran destreza, equilibrio y entrenamiento.

Una vez hizo con otros jóvenes una rodada con este transporte de una sola rueda, desde el Bosque de Chapultepec al centro de Coyoacán: eran más de 30 participantes. Pero aún fue mejor cuando se le ocurrió a él, a su hermano Diego y a su amigo Tati, montar un *show* en la esquina de Miramontes y Calzada del Hueso. El objetivo era conseguir dinero para irse de fiesta... y lo hicieron durante varios meses, en jueves y viernes, justo antes de cada fin de semana. El verdadero objetivo era divertirse, echar relajo y reírse mucho. Hacían malabares con el monociclo y, antes de que arrancaran los coches, pedían dinero y les iba muy bien con eso. Al menos, lo suficientemente bien para tener dinero e ir a las fiestas.

También le gustaba patinar, algo que hacía principalmente con su primo Carlos y otros amigos. Durante la primaria y parte de la secundaria representó a su escuela, el Colegio La Salle, en el equipo de fútbol soccer.

La fotografía le atrajo desde niño. Cuando fuimos a visitar a su tío Manuel a Los Ángeles, le pidió que le comprara una cámara «a la que le pudiera poner rollo fotográfico»; o sea, una cámara analógica, y fue tanta su insistencia que se la compró. Desde ahí, no dejó de tomar fotografías de todo y de todos, y más adelante hizo sus pininos como profesional: comenzó a hacer sus primeros trabajos de fotografía social.

En cuanto a las novias, tuvo varias amigas y parejas. Le gustaba ayudar a la gente: era muy solidario y entablaba relaciones con facilidad. Su plática era simpática, abierta y natural. El último noviazgo que tuvo fue con Laura Cárdenas, quien ha seguido siendo amiga de la familia durante todos estos años.

Justo en la época de la *prepa* fue cuando toda su simpatía, su galanura y la etapa social tomaron mucha fuerza. Las fiestas se sucedían y, con ellas, venían el alcohol y la diversión, y eso provocó que se retrasara en finalizar sus estudios. Entre las materias que le costaban trabajo, estaban las matemáticas y, como yo trabajaba en ese colegio (aunque no en el mismo plantel), conocía a todas sus maestras y coordinadores. Siempre me daban las noticias de Diego y José, a quienes tenía que disculpar porque se la pasaban en el relajo. Tuvieron que tomar clases especiales y, al final, después de presentar varias veces esa materia, José terminó la preparatoria.

Obtener ese certificado fue todo un hito para él. Lo colocó en el refrigerador de la casa, a la vista de todos, y cada día nos decía que volteáramos a verlo. En general, ponía avisos para toda la familia en el refrigerador, era muy simpático: colocaba fotos de sus tías o anuncios solicitando aportaciones voluntarias para alguna cosa que quisiera comprar, como, por ejemplo, cambiar el lente de su cámara.

Cuando obtuvo su cartilla militar, junto con Diego, fue otro acontecimiento. En realidad, no les tocó marchar, pues tuvieron bola negra y, aunque José fue remiso, finalmente ambos obtuvieron su documento. Yo les insistía en que era un trámite que debían cumplir por civilidad. Muy a regañadientes, cumplieron a cabalidad con lo que su madre les pedía.

Su principal característica era que generalmente estaba de buen humor y con actitud positiva. Le gustaba acompañar a su papá a esos viajes tan largos que hacía en tráiler, por su trabajo. Desde pequeño se iba con él y de adolescente esperaba que llegara la época de vacaciones. Ignacio trabajaba en una empresa de un particular e iban desde la Ciudad de México a Tijuana, tanto en las vacaciones de verano como de invierno. Desde días antes, Joss se preparaba y le decía a su papá que tal día saldría de la escuela y que se iría con él. Eran viajes largos en los que compartían muchas vivencias.

Iban cargados de mercancía en un Thermo King, un tráiler con refrigeración, para transportar productos perecederos. Cargaban en Aguascalientes productos para Walmart. Pasaban por Gómez Palacio, Durango; Torreón, Coahuila; Delicias y Casas Grandes, Chihuahua; Santa Ana, San Luis Río Colorado y Caborca, Sonora; y de ahí a Mexicali y Tijuana, Baja California. En los trayectos, José iba escuchando música y repetía y repetía las canciones que más le gustaban. Una de ellas, lo recuerda Ignacio muy bien, era *Perfume de gardenias*, de la Sonora Santanera. Al día de hoy, su papá no puede escuchar ese bolero tropical sin que lo invada una gran satisfacción de haber compartido ese tiempo con su hijo. La nostalgia también se hace presente.

José fumaba, así que lo hacía por todo el recorrido mientras las pláticas con su papá no terminaban. Ignacio, desde el primer viaje, le enseñó a manejar y confiesa que no tuvo que decirle mucho, porque era como si todo el tiempo hubiera sabido cómo manejar esos grandes camiones. Le ponía la mano en la palanca de velocidades, y le decía: «Mira, hijo, siente el motor, ¿sientes cómo va cambiando la velocidad?, ¿sientes cómo las revoluciones van llegando a un límite?». En ese momento, Joss tenía que cambiar la velocidad. Le insistía en no ver el tablero, sólo sentir y escuchar el motor. Luego le pidió que se pasara al volante y él lo tomó de manera casi natural. Pronto llegó a confiar tanto en él, que incluso se lograba dormir un rato mientras José manejaba, para descansar de los largos trayectos. Para Ignacio era muy importante que su hijo estuviera interesado en acompañarlo en esas entrañables e iniciáticas travesías. Joss tuvo una relación bastante cercana con su papá.

Por supuesto que Joss aprovechaba los viajes para tomar fotos, una vez que tuvo su cámara. En cada parada se maravillaba de los ecosistemas, sobre todo de los desiertos. Sobresalen algunas que tomó en Puerto Peñasco, Sonora, un lugar mágico; fotografías que todavía conservamos en las paredes de nuestra casa.

***

Mi familia siempre fue de comerciantes muy exitosos para los negocios. Y, también, siempre ha prevalecido entre nosotros el matriarcado en el manejo de esos negocios. Mis abuelos maternos tenían una pollería en el mercado de San Lucas, en la Ciudad de México, y desde muy chica, mi abuela Eva, junto con su mamá y sus hermanas, trabajaban en él. Cuando crecieron, cada una se hizo con su propio negocio de venta de pollo. Algunos fueron más exitosos que otros, pero el de mi abuela se fue para arriba y, ya casada con mi abuelo, hicieron una buena fortuna que les permitió comprar su casa y la casa de campo de Cuautla, así como diversos edificios en el centro histórico de la CDMX y en la Calzada de Tlalpan. Eran edificios muy grandes, que tenían treinta o más departamentos, que rentaban a precios muy accesibles. Tenían cuatro o cinco edificios de esas magnitudes y, gracias a eso, lograron vivir cómodamente. Yo recuerdo a mi abuela Eva siempre de muy buen carácter, riéndose. Quizá, mi hijo Joss sacó algo de ella, porque mi abuelo Pascual era todo lo contrario: siempre de mal humor, sombrío, amargado.

A mi abuela materna le agradaba estar presentable; yo siempre la observé muy coqueta, muy bonita arreglada. Usaba muchas joyas y tenía su propio joyero familiar, que constantemente iba a su casa a ofrecerle nuevas piedras. Si vestía de rojo, se ponía rubíes; si iba de verde, esmeraldas; si lo hacía de azul, los zafiros hacían el atuendo perfecto. Le encantaba combinarlas con sus vestidos.

Los negocios de mis padres tienen su propia historia. De recién casados, vivían en una granja de animales de mis abuelos maternos. Ahí mi *abue* criaba pollos y surtía a muchos establecimientos del Instituto Mexicano del Seguro Social (IMSS). Mi mamá comentaba que ella, de recién casada, vendía cartones de huevo y que de eso se mantenía. Cuando ya tuvo a sus hijos, se mudó a la colonia Merced Balbuena, a otra casa de mis abuelos maternos. En esa época, mi madre comenzó a viajar a Laredo, Texas, a comprar ropa, fayuca, como se le conocía en ese entonces, para venderla a los muchos clientes que tenía. Se iba varios días y mi papá se quedaba cuidándonos, aunque, como ya he comentado, en ocasiones era precisamente al revés: nosotros los niños teníamos que cuidarlo a él, por su alcoholismo.

Mi mamá regresaba con las maletas repletas: traía ropa, cosméticos, perfumes, figuras de porcelana, etcétera. Cosas que en los años setenta y ochenta no se encontraban en México. Tenía muy buen ojo: ya sabía lo que le iba a gustar a sus clientas. Pienso que eso lo heredé de ella, porque a mí, en su momento, cuando me dediqué a vender, también fui muy exitosa. Recuerdo que llegaban todo tipo de señoras a comprar y nosotros le ayudábamos a atenderlas. Si algo tengo que reconocer a mi madre es que siempre fue muy trabajadora y estupenda proveedora; ese fue el interés número uno de su vida: trabajar, trabajar, trabajar, y hacer dinero.

Las señoras hacían sus pedidos a mi madre antes de cada viaje. Eran listas interminables de artículos. A veces les daba crédito, y eran muy buena paga. Recuerdo a mi mamá dándonos órdenes: «Ábrele a la clienta, atiéndela, haz la lista, empaca». Mi padre ayudaba en el trabajo pesado, en cargar las maletas, pero de alguna manera siempre estuvo no al lado, sino atrás de mi madre, y ella siempre tomó el mando, empoderada totalmente. Ella era la de los negocios.

Otro de los negocios de mis padres fue un restaurante que abrieron a las afueras de la ciudad. Le pusieron de nombre Megal, que eran las iniciales de cada uno de sus hijos: Manuel, Eva, Gaby, Ana y Lalo. Mi madre siempre tuvo excelente sazón y le gustaba cocinar, pero no tenía conocimientos de administración ni de llevar profesionalmente un negocio; sin embargo, el restaurante fue todo un éxito. El lugar colindaba con muchas empresas, fábricas, el campo militar y el cine Hollywood, que, por supuesto, ya no existe. Hicieron labor de convencimiento en las empresas cercanas y llegaron a vender a diario más de 500 comidas.

Tenían bastantes empleados: meseros, cocineros, garroteros, y también nosotros le entrábamos al trabajo. Yo, en ese entonces, tenía doce años y recuerdo estar sirviendo en la barra de alimentos las comidas que salían a velocidad del rayo: sopas, espaguetis, carnes, ensaladas... Me gustaba ir, porque tenía un patio trasero grande, donde podíamos jugar. Mis hermanos pequeños tendrían tres o cuatro años. Era un negocio exigente, que los esclavizó por completo, de modo que mis padres no podían atender a mis hermanos menores, ni a los mayores. Mi hermana Gaby y yo los cuidábamos. A veces, nos íbamos al restaurante en metro o en transporte público. Cuando mi hermana creció, le compraron un coche y se convirtió en nuestra *mamá-chofer*, que nos llevaba y nos traía al restaurante, a la escuela y a la casa. Yo siempre estaba a su lado, apoyando, cuidando también a mis hermanitos. Fue un trabajo muy pesado durante varios años, hasta que al final mis padres decidieron buscar otra fuente de ingresos. Fue cuando empezaron la venta de productos de electrónica, convirtiéndose en un negocio muy rentable y exitoso.

La casa donde tenían el restaurante era propia, así que lo traspasaron y se asociaron con otra persona en el negocio de electrónica. Traían la mercancía de Laredo, Texas, por vía aérea y terrestre. En esos años eso era muy penado, no se pagaban impuestos, no había un control sobre eso. Cada dos o tres semanas, llegaban camiones de volteo a la granja de Tláhuac, donde mis papás habían vivido, y que seguía siendo de mis abuelos, aunque en ese tiempo ya vivía ahí el hermano menor de mi madre, con su familia. Los camiones se descargaban de manera muy rápida y se distribuían en varios coches que manejaban mi papá, mi hermano Manuel y el novio de mi hermana Gaby, Federico (posteriormente se casaron), así como Ignacio, mi esposo. Yo tenía 16 años y en ningún caso me dejaban manejar de noche un coche cargado de mercancía ilícita. También tenían empleados que nos ayudaban en la repartición, durante toda la madrugada. Repartían a diferentes clientes y hasta comandantes de la Policía, en Tepito, en Satélite, en la Jardín Balbuena, en colonias populares y en el área metropolitana de la ciudad. Todo se vendía como pan caliente: las grabadoras con casetera, las televisiones de todos los tamaños, videocaseteras... por mencionar algunas de las mercancías.

En una de esas ocasiones en que llegó el camión cargado, nos atrapó la Policía y todos corrimos a escondernos. Aprehendieron a mi hermana Gaby y a su novio Federico. Estuvieron detenidos en la delegación Venustiano Carranza y mis papás gestionaron su libertad: obviamente, pagaron una buena cantidad de dinero. Después de eso, pausaron el negocio para evitar seguir arriesgando a sus hijos y a ellos mismos; sin embargo, tuvieron esa actividad durante varios años más.

Durante ese tiempo, rentaban la propiedad en la que estaba el restaurante, pero la persona responsable les dejó de pagar la renta y ellos la dejaron de cobrar, porque no les hacía falta. Viendo que no actuaban mis padres y que no mostraban interés, el arrendatario se apropió de la casa, hace ya casi 50 años. Mi madre nunca pudo recuperar su propiedad. Se gastó gran parte del dinero que había amasado intentándolo, pagando en diferentes momentos a varios licenciados que nunca lo lograron.

Después del negocio de la electrónica, mis padres se dedicaron a la venta de frutas y legumbres en la Central de Abastos. Tuvieron oportunidad de comprar una bodega en la nueva central, que en ese tiempo era lo novedoso para el abastecimiento de la ciudad. Era la bodega U 45, en la zona de frutas y legumbres. Comenzaron ofreciendo sus servicios a comedores industriales, hoteles, restaurantes y empresas. Siempre sus ventas eran a lo grande: mi madre tenía muy buena perspectiva de cómo lograr un negocio exitoso.

Mi padre le ayudaba intermitentemente, por la cuestión de su alcoholismo; yo también le ayudé bastante. En ese entonces estaba soltera y estudiaba decoración de interiores e inglés. Recuerdo que me agradaba el idioma; sin embargo, no podía terminar los cursos porque, cuando iba a finalizar algún nivel, me llamaba mi mamá, muy temprano en la mañana, para que me presentara urgentemente a ayudarle... habitualmente porque mi papá no se había presentado. Le ayudaba a facturar y a atender a la gente, así que, lamentablemente, perdía todos mis exámenes. Era tan repetitiva esa situación, que deserté y dejé el aprendizaje de inglés. Mi madre nunca me dijo que ella lo podría resolver y que yo terminara de estudiar. Constantemente me llamaba, era como un deber mío estar ayudándole. Seguí colaborando a diario en el negocio, justo una semana antes de dar a luz a mi hermosa hija Ani.

Mi madre decidió expandir su negocio hacia Cancún, así que se fue junto con mi padre y hermanos menores a vivir allá. Desde aquí, desde la Ciudad de México, mi hermana Gaby coordinaba el trabajo para enviarles la mercancía hacia allá, y esa fue la única ocasión en la que no tuvo éxito, porque los hoteles y las empresas le dejaban de pagar grandes cantidades de dinero. Llegó el momento en que ya no pudo sostener el crédito a los clientes y el negocio se vino a la quiebra. Perdió todos sus bienes inmuebles. Mis padres se regresaron a la ciudad y rentaron una casa para vivir. Empezaron a mudarse continuamente, no sé por qué. Era como una latente inconformidad: nunca estaban conformes con el lugar en donde estaban viviendo. Continuaron así por un par de años, hasta que mi madre resurgió: volvió a establecerse como proveedora de frutas y legumbres, no tenía bodega propia; no obstante, logró rentar una sin problema. Quien la apoyó en ese momento fue mi tía Guadalupe, la que algún día llegaría a ser la número uno en ventas de jitomate a nivel nacional.

A mi madre le costó mucho trabajo volver a tener éxito. Pese a ello, poco a poco consiguió nuevos clientes, restaurantes, y grandes empresas. Tenía equipo, empleados y camionetas. Decidió volver a hacer viajes a Estados Unidos, ahora a Los Ángeles, para traer ropa y mercancía para su nueva *boutique*, a la que llamó Eva's Fashion. Por la mañana, muy temprano, iba a trabajar a su bodega; ya por la tarde, se iba a la *boutique*. Mi madre había resurgido y una vez más estaba en la punta de los negocios. Logró comprar una gran casa en Río Churubusco, a la que le hizo muchas remodelaciones y mejoras. Esa casa fue su gran orgullo.

Mi padre, como he mencionado, siempre estuvo atrás de ella. Era una época en la que bebía mucho y tenía una vida financiera escondida, porque tenía negocios de alimento de ganado, entre otros, pero nunca compartía sus ganancias con mi madre ni con nosotros. Después de un tiempo, mi mamá dejó la *boutique* y el mismo negocio de la central de abastos fue mermando. Hubo malos manejos financieros de algunos empleados y mi papá empezó a estar enfermo. Luego, vinieron las muertes y la decadencia. Vendió su casa y compró otra en la colonia Educación, casa que posteriormente mi hermana menor compró. En todos esos años en que había sido tan exitosa, tan buena para los negocios, dirigió también a su familia con mano dura, insultando y humillando a su pareja y a sus hijos, especialmente a Manuel, con quien sacó todas sus frustraciones durante tanto tiempo, con ese carácter resentido y amargo que la caracterizó siempre.

Finalmente, después de tantos años de trabajo, mi madre perdió su casa, perdió la memoria y tiene poco dinero, que sus hijos cuidamos con pinzas para que le alcance durante no sé cuánto tiempo para comprar sus medicinas y pañales.

***

Mi hermano Manuel fue el primer nieto varón de ambas familias, paterna y materna. Cuando mi madre se embarazó de él, era una *señorita de casa*, como se concebía en ese entonces, y mis papás fueron obligados a casarse. Una vez que lo hicieron, los mandaron a vivir lejos para esconderlos, para que la gente y *la sociedad* no vieran que mi madre se había casado estando encinta. Eran los tiempos en que imperaban esos prejuicios, aunque, en realidad, siguen vigentes todavía en algunos círculos y familias.

Mis padres se fueron a vivir a Tláhuac, a la granja de pollos, vacas y cerdos que tenían mis abuelos maternos. Como recién casada, mi madre se dedicó a atender todas las labores que implicaba la granja, no sé si junto con mi papá, porque desde ahí ya era alcohólico y tenían muchos problemas. Mi mamá se enfrentó a la necesidad de hacer ese trabajo contra su voluntad.

Cuando nació Manuel, también ocultaron la fecha del nacimiento. Nosotros, como familia, lo descubrimos muchos años después, porque una tía nos lo dijo, no sé por qué, ya que a ella no le correspondía revelarlo. En cualquier caso, el secreto más grande de la familia se descubrió finalmente: había nacido meses antes de lo que se había dicho.

Mi hermano Manuel se enteró de todo esto poco antes de morir, y para él fue un golpe, un choque tremendo, porque se sintió no querido, escondido y rechazado por la familia. Tuvo la oportunidad de celebrar su verdadero cumpleaños un solo año, el 27 de agosto de 2010, cuando cumplió 52 años, pues al año siguiente murió. Haber guardado este secreto durante más de cinco décadas también fue algo negativo para mis padres, en su relación de pareja y de padres.

Manuel fue muy activo y pasó por muchos colegios y universidades. Desde pequeño, escondía sus calificaciones, porque no eran buenas. Cuando mi madre las encontraba, le iba muy mal. En la secundaria estuvo internado, porque mi mamá no quería que tuviera el mal ejemplo de mi padre, por su condición de alcohólico. Eso nos empezó a distanciar de mi hermano, pues sólo lo podíamos ver los fines de semana. El domingo por la noche lo íbamos a dejar al internado en donde estudiaba y yo sufría en silencio la ausencia de mi hermano: a nadie le decía que me sentía inmensamente triste sin su presencia.

Ya en la *prepa* y la universidad, estudió en Monterrey y en la Universidad Chapingo, entre otras escuelas. Como resultado de sus malas notas y los múltiples cambios, no finalizó su carrera de ingeniero agrónomo. Fue entonces cuando empezó a trabajar en el Mercado de la Merced, que en esas fechas era el más grande de la Ciudad de México.

Mi hermano trabajaba con mi tía Guadalupe en el exitoso negocio de venta de jitomate. Manuel estuvo varios años trabajando con ella, pero mi tía le exigía bastante, algo que él no podía cumplir por su alcoholismo, porque ahí ya empezó con más fuerza. A pesar de los esfuerzos de mi madre por internarlo para que no viera los desmanes y las escenas que hacía mi padre cuando estaba tomado, Manuel acabó también enredado con esta enfermedad. De hecho, la adquirió muy temprano. Se perdía por completo y chocaba los coches que tenía; en muchas ocasiones hablaba a la casa para que algún familiar fuera a rescatarlo a las cantinas. Sabía que no podía manejar así y prefería afrontar los regaños de mis padres y la vergüenza de que lo viéramos en esas condiciones. Más adelante, a mí me tocó ir varias veces a recogerlo a esas cantinas, junto con Ignacio. Me dolía tanto verlo perderse...

En ese entonces yo no conocía de esa enfermedad, ni siquiera sabía que fuera eso: una enfermedad. Fui sólo una espectadora pasiva. Nunca tuve la valentía de acercarme a él y platicar acerca de ello. Me mantuve al margen. Pese a todo, él siempre tuvo una actitud positiva, de mejora, lo que lo llevó a dar el gran paso de acudir a Alcohólicos Anónimos (AA). Eso lo ayudó a mantenerse sobrio por el resto de su vida, hasta que murió. Pertenecer a AA le enorgullecía: nos invitaba a las reuniones de aniversario y nos platicaba de su padrino, con quien se desahogaba y quien lo ayudó a seguir los Doce Pasos.

Era amante de la música, tenía cientos de discos de acetato. También la ropa era su debilidad: le gustaba andar bien vestido y compraba ropa todo el tiempo. Cuando yo tenía 16 años, nos informó a toda la familia de que era homosexual. No recuerdo bien la reacción de mis padres, ni de todos los demás; lo que sí recuerdo es cómo yo lo viví. Sentí mucha tristeza, porque sabía que la vida de mi hermano no había sido fácil, ni tampoco lo sería en el futuro. Tendría que vivir con la homofobia familiar y social permanentemente. No lo cuestioné nunca. Simplemente, lo seguí amando tal como era, y seguimos muy unidos hasta los últimos días.

Con los años se fue a vivir a Los Ángeles, en donde estuvo alrededor de una década, trabajando en una fábrica de camisetas. Llegó a ser el administrador del lugar y en ese tiempo le fue muy bien. Incluso fue la época en que tuvo una mejor relación con mi madre, puesto que ella viajaba a California para abastecerse de ropa para su tienda. Nunca dejó de estar presente con sus cartas amorosas, para toda la familia, escritas de su puño y letra. Desafortunadamente, mi madre le ofreció trabajar en el negocio de frutas y verduras, y lo hizo regresar. Le dijo que le pondría su propio negocio y le pintó un atractivo panorama que, por supuesto, nunca se dio. Sin embargo, mi hermano creyó en ella y dejó todo en Estados Unidos para volver a México. Comenzó a trabajar con mi madre en la central de abastos, pero pronto surgieron los problemas, muy penosos y lamentables. Mi madre no supo, no pudo o no quiso, o todo lo anterior, pero le fue imposible mantener una relación laboral amable, amorosa y respetuosa con mi hermano.

Esto lo orilló a buscar trabajos eventuales, sin mucho éxito, lo que lo obligaba a regresar a trabajar con mis padres, en un círculo vicioso siempre desgastante. Las peleas con mi madre eran prácticamente a diario. Ella peleaba con todo el mundo: con los empleados, sobre todo, pero incluso a ellos los trataba mejor que a mi padre y a mi hermano. A mi papá siempre lo ninguneaba y le decía groserías. A mi hermano le decía cosas todavía más hirientes, le gritaba: «Eres un pendejo», «No eres nadie aquí», «Eres un simple empleado», «Eres un puto», «Eres tonto»... Lo descalificaba y humillaba todo el tiempo y enfrente de quien fuera. Cuando yo presenciaba eso, me llenaba de desconcierto, tristeza y enojo. En algún punto, Manuel dejó de respetarla y empezó a responderle, casi siempre de manera muy tranquila, otras no tanto; le decía que estaba bien lo que hacía o que no le hablara así, y la respuesta era que ella le podía hablar como quisiera, que era ella la que mandaba y que ella era la del dinero. Se creía con la prepotencia de imponer a todo mundo lo que ella creía y siempre su actitud fue muy abusiva. En alguna ocasión en la que mi hermano le contestó, mi madre le empezó a lanzar cebollas en la cabeza; cosas así de desagradables, todo siempre con groserías, con la intención de degradarlo a lo más bajo.

Manuel caía en depresiones profundas y faltaba a trabajar por largos periodos, de hasta tres o cuatro semanas. Se quedaba encerrado en su casa. Muchas veces vivió muy cerca de donde yo vivía y me daba cuenta de que no iba a trabajar porque ahí estaba su auto, y sabía que mi mamá lo había corrido o habían tenido algún problema. Cuando se reponía un poco, se presentaba a trabajar. En varias ocasiones, yo lo iba a buscar junto con Ignacio, para ver si estaba bien. Nos abría la puerta y decía que sí, que estaba bien, pero se notaba su gran tristeza. A veces, pensaba que en algún momento podría haberse suicidado ante esas depresiones repetitivas.

En cuanto a su vida privada, siempre fue muy reservado y respetuoso en sus relaciones. Mis hijos, Ignacio y yo, conocíamos a varias de sus parejas, con las que manteníamos buenas relaciones. También fuimos muy respetuosos en las reuniones familiares. Pero no era así con algunos familiares. Ante muchos de ellos tuvo que soportar homofobia. A mis padres les costó trabajo aceptarlo como era. Estaba el recuerdo de mi tío Pascual, hermano de mi mamá, quien era gay y a quien mis tíos y abuelos censuraban. También fue alcohólico, algo que le causó muchos problemas. Al final de su vida, mi tío Pascual murió en su casa, asesinado por personas que lo conocían, quienes le robaron y lo mataron. Ese también fue un evento impactante para la familia varios años atrás.

Otros miembros de la familia también rechazaban a mi hermano por sus preferencias sexuales. De hecho, creo que mi padre nunca lo aceptó por completo. Tengo un recuerdo que es muy revelador: en su lecho de muerte, mi hermano era muy cariñoso con él y le hacía caricias, porque le partía el alma verlo postrado, a punto de morir. Pero mi padre les comentaba a los demás, cuando Manuel se iba, que no le gustaba que le hiciera esos cariños, denotando quizá que lo que no le gustaba es que fuera homosexual. ¿Cómo no vas a querer que un hijo te haga una caricia, que te mime y te consienta, siendo que estás tan enfermo? Eso es tan revelador, incluso ahí, en esas circunstancias de tanto dolor, que podría invitar a tener más conciencia de las cosas, de toda una vida, de cambiar patrones de pensamiento. Sin embargo, incluso en esas circunstancias, mi padre rechazaba el cariño de su hijo, que sólo había ido a cobijarlo en sus momentos más difíciles.

Cuando había reuniones familiares, mi padre prefería estar en su recámara a compartir con nosotros, y algunas veces iban las parejas de mi hermano y se veía que mis padres no se sentían cómodos. No les hacían groserías, pero se notaba en la tensión que había en el ambiente.

Mi hermano murió de la misma forma que el tío Pascual, mi tío gay. Igual: en su casa, asesinado por personas que lo conocían. Qué ironía. Parece imposible entender por qué se repiten esos patrones en las familias. Pero, sobre todo, con el mal agüero que le hizo mi madre a Manuel. De hecho, un día le dijo: «Tú vas a morir como tu tío Pascual, por puto; te van a matar, así como a él». Igualmente incomprensible es que se pueda albergar tanto odio. Incomprensible, como tantas cosas en esta vida...

Al final, por ese crimen atroz, uno más de los que sucedieron en mi árbol familiar, mi querido hermano Manuel se fue demasiado rápido. Pese a esto, el tiempo que estuvo conmigo y con la familia fue un enorme privilegio. Su compañía fue para mí un regalo de la vida.

***

Cuando Joss cumplió 18 años, nos avisó a Ignacio y a mí de que había decidido irse a vivir con su tío Lalo, mi hermano menor, y ante eso no pudimos hacer nada. Era algo que ya venía pensando con anterioridad, y llegó ese día y cumplió su propósito. Estuvo alrededor de un año viviendo con su tío, de la manera en que él quería, siendo independiente. No cien por cien, porque estaba con su tío y, a fin de cuentas, él lo cuidaba, pero no estuvo bajo la supervisión de sus padres. En ese tiempo, Lalo era alcohólico activo y tuvieron mucha fiesta, muchas reuniones, día y noche, algo que a mí me preocupaba mucho; sin embargo, finalmente lo dejé vivir su etapa de autonomía, de madurez y, después de ese tiempo, afortunadamente regresó a vivir a la casa.

Vivían en la calle de Sinaloa, en la colonia Roma. Lalo tenía un negocio de vinos. Tuvo un viñedo en España y el vino que producía lo importaba a México; José le ayudaba en estos procesos. Había terminado su *prepa* y no se decidía qué iba a estudiar, y ese tiempo y ese giro lo ayudaron a decantarse por la gastronomía, en la Universidad Panamericana. Cuando eso se desató, lo vi muy entusiasmado, alegre, optimista y feliz. Le gustaba la universidad y su carrera. Estando de regreso en la casa, se instaló en el pequeño cuarto de servicio que teníamos; ahí se llevó lo indispensable, que era su cama y un pequeño mueble para su ropa y cosas personales, ya que Diego había aprovechado y ocupó el espacio de la recámara que antes compartían.

Siempre fue de buen comer; de hecho, tenía excelente apetito. Considero que era muy guapo: de estatura media, delgado, atlético, apiñonado, color canela, simpático, buen hijo. Veo las fotos que conservo de él y siempre estaba sonriendo. Las fotos dicen mucho de una persona.

Continuó con su pasión por la fotografía. Casi cada fin de semana iba al centro histórico de la Ciudad de México a capturar imágenes de los edificios icónicos, de la gente, de todo lo que veía.

Me apoyaba en mis ventas y en todo lo que yo necesitara. Pero, además, lo hacía con una sonrisa, con verdadera voluntad de ayudar. Siempre fue cariñoso y, cuando conoció a Jessi, su hermana mayor, también fue afectuoso con ella, lo cual también dice mucho del carácter de una persona. Tanto él como sus hermanos la conocieron en 2008 y, desde entonces, mantuvieron una linda relación.

Fiel a su costumbre y a su personalidad, en la carrera hizo rápidamente amigos. Todos ellos fueron a su funeral y, cuando le hicimos en familia un reconocimiento póstumo por su labor de fotografía, también fueron esos amigos quienes prepararon los bocadillos que se ofrecieron para la ocasión. Jóvenes muy solidarios. En su último tiempo de vida, José estuvo muy a gusto de ser quien era, de estar en su propia piel. Estaba feliz con su familia, con su casa, con sus amigos y con su vocación. Lo veía en su actitud, su carácter, sus sonrisas. Y en el brillo de sus ojos.

En su funeral vi a muchos de sus amigos y me sentí orgullosa de toda su red de amistades y de la huella que había dejado en todos como ser humano. Tuve por 21 años la bendición de ser su mamá. Me enseñó infinidad de cosas: sobre todo, a ser mejor persona a partir de su muerte. Y me dio el regalo de vivir en plenitud todos los días de mi vida.

**

Toda la familia de mi esposo Ignacio, su padre, el señor Pepe, su madre, doña Sara, y casi todos sus hermanos, se han dedicado por muchos años al negocio del transporte. El señor Pepe comenzó siendo empleado en una fábrica de colchones: se desempeñaba como operador de camiones y, cuando sus hijos crecieron, le empezaron a ayudar. Fueron comprando camiones pequeños y, posteriormente, tráileres. Los hijos comenzaron también a manejar y, poco a poco, fueron surgiendo. Ha sido gente de mucho trabajo y esfuerzo. Hicieron su capital con trabajo honrado y todos en la familia apoyaban de alguna manera: los hombres se iban de viaje con los camiones, hacían reparaciones y mantenimiento a las unidades. Y las mujeres ayudaban a su madre en el cuidado de los hermanos pequeños y hacían todas las labores del hogar, además de sus deberes escolares y laborales. Doña Sara y don Pepe procrearon a 14 hijos vivos y hubo algunos nonatos; entre ellos, unos gemelos.

Esos 14 hermanos no eran gente acomodada: lograban con esfuerzos obtener para los gastos del mes y eran felices con lo que tenían, la comida era vasta y en grandes cantidades. Mi esposo me cuenta que él fue feliz jugando con sus hermanos en la calle, como todos lo hacíamos en esos tiempos, y que, cuando iban de vacaciones a Acapulco, se iban en uno de los camiones, manejado por su padre. Todos se subían en la caja trasera y la llenaban de colchonetas para que pudieran dormir y tener un trayecto más confortable. Llegaban a la casa de uno de sus tíos, por parte de su papá, y la convivencia con los primos era genial: gozaban esos días. Llevaban ollas grandes de comida, todo era muy familiar, disfrutaban y compartían a lo grande con lo que tenían. Cuando llegaban los Reyes Magos, le tocaba a Ignacio un juego de ropa interior, unos zapatos y algún juguete como un patín del diablo, y eso así era cada año. Eso es admirable: a todos les daban algo, a pesar del número de hijos que tenían. La señora Sara siempre estaba en casa. Fue una mujer católica que inculcó a toda su familia la religión. Muchos años de su vida estuvo dedicada a la crianza de sus hijos, fue una gran ama de casa y tejía prendas de vestir como pocas personas he conocido, gozó de excelente salud, la percibía como una mujer de mucha fortaleza y fe; ella también experimentó lo que es la vida con familiares alcohólicos.

El negocio siguió hasta que llegó el día en que don Pepe decidió darles, como herencia en vida, un camión a cada uno de los hijos varones. Quizá consideró que fueron los que más le habían ayudado, aunque las mujeres por supuesto que también ayudaron en todo. Antes se pensaba de esa manera. Así fue como Ignacio inició su negocio de manera personal, con ese camión que heredó. Más adelante, compró otros camiones y se expandió a Manzanillo, Colima. Pero algo no funcionó en este negocio: el empleado a cargo decidió poner su propio negocio y dejar el de mi esposo, y así fue que, de un día para otro, cerró esta sucursal.

Durante su vida laboral, Ignacio ha tenido pérdidas de varios camiones. Algunos han sido recogidos por la Secretaría de Hacienda, porque no tenían papeles correctamente o por la legalización correcta de las unidades. Desgraciadamente, ha tenido accidentes carreteros de los operadores y también ha sufrido robos. Es un negocio noble, pero requiere de muchísimo trabajo y también muy arriesgado: constantemente, el operador va en peligro e inseguridad en su trayecto carretero, y cada vez lo es más de esta manera. De hecho, recientemente Ignacio sufrió el robo violento de su camión. Desafortunadamente, no contábamos con un seguro, así que perdimos todo. Nos quedamos en cero y nos mantuvimos con mi ingreso solamente durante muchos meses. Fue entonces cuando Ani, mi hija, prestó dinero a su papá para que pudiera dar el enganche y comprar el camión que actualmente tiene. Con eso y con la venta de un coche que le dio su hermano Carlos, y la compra de nuestro coche por parte de su hermana Teresa, lo logramos. De este mal momento, cuando le robaron el camión, surgió algo bueno: sus hermanos lo ayudaron, sobre todo, su hija, con una muestra muy grande de solidaridad.

Ignacio, a quien amorosamente llamo «flaco», ha tomado rutas generalmente hacia el norte del país, como cuando Joss vivía y se iban juntos de viaje de trabajo. A partir de su muerte, empezó a tomar rutas hacia el sureste. Son viajes también muy largos; ahora, cuando tengo oportunidad, viajo con él de copiloto. Actualmente se empleó en la empresa Landstar, lo que nos ha permitido estar más estables en nuestra economía. Sin embargo, en todos estos años yo he padecido hasta cierto punto el trabajo de mi esposo, por sus largas ausencias, porque me quedo sola por semanas. Pero sé que no se puede tener todo en la vida y, además, ya falta poco para que deje de trabajar, porque también para él ya es muy desgastante y pesado este trabajo. Pronto podrá retirarse a descansar y disfrutaremos juntos.

***

Los cuerpos de Andrea y Carlos llegaron a la funeraria a las tres de la mañana. Alrededor de las seis, comenzaron a prepararlos, ya que no había médico legal para autorizar la manipulación de los mismos. Tuvimos un desacuerdo con el personal de la funeraria y nos ofrecieron una sala especial para que observáramos los cuerpos en los ataúdes y aprobáramos el arreglo estético *post mortem*. A esa sala subieron a Andrea, a Carlos y a José. Se escogieron ataúdes blancos por su juventud; en un intento de mitigar lo lúgubre de la situación, el color blanco daba, al menos, una sensación de tranquilidad y paz.

Tuvimos que respirar muy hondo y tratar de asimilar esos momentos tan duros e íntimos. Sólo estábamos presentes ante los ataúdes los padres, los hermanos, dos amigos entrañables de Gaby, mi querida tía Malena y mi primo Carlos. Para mi esposo Ignacio fue muy duro ver a su hijo José por primera vez así, sin vida. Se volvió a desvanecer y lo sostuvieron, porque no podía mantenerse en pie por sí mismo ante el dolor que sentía.

Amaneció. Las horas pasaban con una punzante lentitud. Alrededor de las 10:30, ya estábamos listos para salir de la funeraria hacia el velatorio. En casa de mi madre ya tenían todo dispuesto para recibir a los tres y despedirlos amorosamente en el funeral. Nos dijeron que, desde el día anterior, ya estaban la familia y los amigos esperándolos. Salimos del lugar muy despacio, detrás de las tres carrozas negras, sobrias y elegantes. Era una escena impresionante. Parecía como si el mundo se hubiera detenido. Yo sentía una sensación que estremecía todo mi ser. La carroza de Andrea iba en medio, entre su hermano Carlos y mi hijo. Durante el recorrido, paramos en algunos semáforos, en donde vendían el periódico con escenas del accidente en primera plana: fue una noticia que alcanzó los diarios nacionales. Quería comprar todos los ejemplares para que nadie viera lo espantoso que había sido; las fotos de los cuerpos eran impactantes. En ese momento, me pareció una terrible falta de respeto hacia nosotros, los dolientes, porque cualquier persona podía observar a nuestros amados hijos accidentados. Sentí un inmenso dolor, ver desde el auto esos periódicos fue frustrante.

Llegamos a casa de la abuela. Una por una, fueron entrando al garaje las carrozas para bajar los ataúdes en el salón principal de la casa, que se había despejado para la ocasión. Fue un momento muy intimidante para mí, porque la casa estaba llena de personas, quizá cientos de ellas, entre familia, amigos de los muchachos, mi jefa, mis compañeras y directivos de mi lugar de trabajo. Había familia que hacía mucho tiempo no veía, muchas amistades de la familia. Ver a tanta gente fue abrumador. Colocaron los ataúdes, cada uno en su espacio. Había muchas flores blancas y de todos los colores.

A todos ellos les agradecí en su momento, y hasta el día de hoy sigo agradecida, por su calidez, acompañamiento, amor, empatía y generosidad. La gente también lloraba: veía tres ataúdes blancos, de tres jóvenes que comenzaban sus vidas. Todo era imponente, nadie tenía palabras. Empezó a llegar más y más gente, amigos de los adultos y de los jóvenes; era una locura.

La casa de la abuela era grande, con espacios amplios y un jardín extenso. El estacionamiento de los visitantes colapsó varias cuadras a la redonda. Eran tantos muchachos los que estaban ahí, que parecía que todas las escuelas habían llevado representantes. Unos de ellos fueron tan empáticos y cariñosos con nosotros, los padres, que no los podremos olvidar. La gente no dejaba de entrar y salir. Ofrecimos café, pan, galletas… No me acuerdo bien de todo lo ocurrido. Hay algunos momentos que he borrado de mi mente. Son tantos los sucesos, de tanta gente que acude y que te hace comentarios, que pierdes el control de tus pensamientos y de tu memoria. Tu cerebro, de alguna manera, te protege.

Estaba aturdida, caminaba y sentía que flotaba. Seguramente, era el cansancio y el desvelo de treinta y seis horas desde que había recibido la llamada de la noticia del accidente. Decidí ir a bañarme para recuperarme y refrescarme un poco. Ignacio, mis hijos y yo vivíamos en una pequeña casa, adjunta a la de mi mamá. Todo ese día, hasta la noche, ya muy tarde, siguieron llegando más y más personas. No había momentos sin muestras de acompañamiento y cariño. Hubo un instante en que el espacio no fue suficiente: ya no cabía la gente ni adentro de la casa ni afuera, en el jardín. Esto me dio satisfacción: saber que nuestros hijos eran muy queridos. Habían llegado casi mil personas al lugar y lo que más me impactó fue ver a todos esos jóvenes dolidos por la pérdida de sus amigos, de sus compañeros de vida. No obstante, también fue agotador que toda esa gente se acercase a mí para darme sus condolencias e intentar ser empáticos.

La llegada de mi sobrina Ani Hesselbart, a quien le decimos «la güerita», fue algo que me dio nuevos ánimos. Ella vive en Dinamarca y es hermana mayor de Andrea y Carlos. No podía creer todo lo que había pasado, estaba aturdida, rota, además del cansancio que traía del largo viaje que había hecho de imprevisto. Pero su presencia fue un gran aliento y calmó un poco el dolor que sentían sus padres. Este se intensifica cuando un familiar no ha llegado al funeral, por estar lejos, por trabajo, por diferencia de horario, por diversas circunstancias... Eso fue lo que nos pasó con ella, nuestra querida Ani, la güerita. Era el miembro de la familia que faltaba por llegar.

Mi hermana Gaby y yo estábamos muy mal. Yo trataba de alentarla. Pensaba: «Si yo estoy así, ¿cómo se sentirá mi hermana, su esposo y mi sobrina Ani, al perder a dos hijos, a dos hermanos?». Gaby siempre fue mi compañía y apoyo desde que éramos niñas. Y ahora estábamos atravesando juntas algo para lo que ningún ser humano está preparado. Nos dábamos fuerza una a otra: cuando una flaqueaba, la otra la levantaba. La vida nos había puesto la misma prueba y al mismo tiempo.

Algunos vecinos prestaron sus cocheras para que los visitantes al funeral pudieran estacionarse, otros llamaron a la patrulla, pues había autos en doble fila y el tráfico se complicó. Al informarles de que era un funeral de tres jóvenes, comprendieron y dejaron de quejarse. Recuerdo que mi dentista vivía muy cerca de ahí y pasó por la cuadra, sin saber qué pasaba: creía que era una fiesta. Le informaron de que era el funeral de los nietos de la señora Eva y fue a darnos el pésame.

El lunes seis de junio se celebraron dos misas de cuerpo presente para los muchachos, las dos muy emotivas. Por la noche, mi hermana Eva, algunos amigos y la familia prepararon sándwiches para los asistentes. Iban y venían personas y bocadillos, flores, cafés, murmullos... Parecía interminable. Poco a poco, la gente se fue despidiendo y nos fuimos haciendo menos. Nos acomodamos en los sillones de la gran sala, con nuestro enorme café para pasar toda la noche en vela. Algunos se subieron a dormir y, por fin, cerramos la puerta chica de la casa y el garaje. Descansamos un poco. Yo escogí un sillón junto al ataúd de Joss y me dormí por unos momentos. No tenía más fuerza.

***

Cuando se conocieron, Laura Cárdenas tenía 22 años, y Joss 21. Ambos iban a la misma universidad. Ella estudiaba Turismo y él Gastronomía en la Escuela Panamericana de Hotelería y Turismo. Había entrado a estudiar un par de semestres antes que Joss. «Lo vi y me llamó la atención lo que proyectaba», recuerda Laura, su exnovia, todos estos años después. «Era una persona muy auténtica y eso es lo que vi en él. No le importaba lo que pensaran los demás, se notaba en su actitud». Llegaba a la escuela en motocicleta y eso también atrajo su interés. «No sabía cómo acercarme, así que iba a donde dejaba su moto y le dejaba recados adentro del casco, con mensajes del tipo: "Que tengas bonito día". No le revelaba quién era y, a veces, también le dejaba dulces, junto con los recados. Y como se lo contaba a mis amigos, alguno de ellos conocía a alguien que lo conocía, así que acabaron presentándonos y empezamos a platicar». De inmediato, Joss la empezó a llamar «Señorita Recaditos».

La primera vez que la invitó fue a una fiesta de cumpleaños de su hermana Ana. Vivían más o menos cerca, en el sur de la ciudad. Notó la relación tan cercana que tenía Joss con sus hermanos, que siempre iban de fiesta juntos, lo mismo que con sus primos, «que eran muy responsables y siempre tenían un conductor designado, para manejar al final de las reuniones» (esto les venía de las muchas experiencias que había en la familia por el alcoholismo. Paradojas de la vida: ellos, que siempre cuidaban no manejar bebidos, al final tuvieron ese desenlace por alguien que sí lo hacía).

A partir de ese entonces, se empezaron a frecuentar. En la escuela platicaban en cada descanso y, de manera inevitable, llegaron a faltar a algunas clases por el interés de seguirse conociendo. Así fue como entró el amor en sus corazones.

En esa época, Laura estudiaba todos los días entre semana y trabajaba en una sucursal de Starbucks de lunes a domingo, con un día de descanso variable, así que prácticamente no tenía tiempo de nada más. «Los viernes era cuando hacíamos algo, que generalmente era ir a su casa a jugar cartas o dominó, con toda su familia», recuerda ella.

Cuando ya tenían una relación prácticamente de novios, sólo faltaba hacerlo oficial. «Él nunca me lo pidió formalmente, excepto una ocasión en que me escribió en Facebook, que era lo que se usaba en ese entonces, diciéndome que a él no le gustaba poner etiquetas, pero sabía que para mí era importante, así que me lo iba a pedir. Supongo que iba a hacer algo especial para preguntarme si quería ser su novia, pero eso fue dos semanas antes del accidente, así que nunca me lo llegó a decir abiertamente».

«A él le gustaba mucho irse de fiesta, pero yo, por lo mismo, ya para el viernes estaba muy cansada del trabajo y la escuela; no tenía mucha energía para salir. A pesar de todo, en ese aspecto nos entendíamos muy bien, porque yo le explicaba eso, y tanto él entendía mi parte como yo la suya, así que le decía que se fuera a divertir, sin problema. Salí apenas como dos veces de fiesta con él, y esa noche del *evento* yo no iba. Él me invitó, siempre me invitaba, aunque ya sabía que casi siempre la respuesta era que prefería quedarme a descansar de lo de toda la semana».

Laura no recuerda el motivo de la fiesta de esa noche de inicios de junio: «Seguro iba con su primo, porque siempre iba con él, eran muy unidos. Recuerdo que yo estaba trabajando y me mandó un mensaje, algo normal. No me dijo específicamente qué tipo de fiesta era ni dónde sería».

Laura tenía una jornada doble a su corta edad. Empezaba de madrugada, preparándose para ir a la escuela, y de ahí se trasladaba hasta su trabajo: se ponía el delantal y atendía durante horas, con su mejor sonrisa de juventud, a los clientes de la cafetería Starbucks. Luego se iba a casa y llegaba ya muy tarde, a hacer tareas o trabajos de la universidad hasta altas horas de la noche, para recomenzar todo otra vez al día siguiente. Hacía todo eso, incluidos los fines de semana, cuando también se presentaba a la cafetería. Eso la tenía agotada, y ese agotamiento fue el que le hizo preferir no ir a esa fiesta. ¿Eso le salvó la vida? ¿Es así todo? ¿Se puede afirmar eso? ¿O tal vez, si hubiera ido en un arranque de amor, quizá ella lo habría tomado del brazo y le hubiera dicho "aún no nos vamos, bailemos una última canción" y esa diferencia de un par de minutos habría hecho que el conductor ebrio chocara con una pared en lugar de con otro coche? Imposible saberlo. ¿Hay un destino o este se puede cambiar? ¿Y qué tenían que hacer ahí esos seis jóvenes sanos, que no habían hecho mal a nadie, como para merecer esa suerte en ese momento preciso? Esas fueron preguntas que me torturaron durante mucho tiempo, hasta que logré encontrar una respuesta que le dio paz a mi alma.

Ese sábado 4 de junio fueron a jugar dominó y cartas, como acostumbraban, en la casa de Joss (a veces, los juegos eran en casa de otros tíos). «Me acuerdo mucho de que estaba su tía Gaby, la mamá de sus dos primos que murieron —rememora Laura—. Tengo muy grabado que ella se estaba pintando las uñas de rojo, mientras que Joss estaba en un sofá jugando con un títere de Pinocho, pues siempre le gustaba hacer bromas y jugar con todo mundo». Llegó su prima, quien también moriría en unas horas, y fue la primera vez que se conocieron Laura y ella.

«Cuando me despedí de él, nos dimos un beso y sentí algo diferente, como si realmente fuera el último, algo difícil de explicar —prosigue Laura Cárdenas su relato—. Me habían pasado muchas cosas raras en los días previos, que, en su momento no lo piensas, pero después de analizarlo, veo que tuve varias señales». Una vez más, entra aquí la pregunta de si existe un destino. «Recuerdo que en uno de los descansos de la escuela en los que platicábamos, él estaba revisando su cartera, sacó todo y me dio una tarjeta con la que se podían juntar puntos para algún comercio que no logro recordar, y me dijo: "Toma, para que te acuerdes de mí". Ya cuando recapitulé todo, más adelante, recordé esto y sentí como si se hubiera estado despidiendo. También me acuerdo de cuando me presentó a su hermano, entonces me dijo: "Yo le digo simio", y se me vino a la mente, de esos pensamientos que te llegan pero que sientes que tú no los piensas: "Cuando tú no estés, ¿quién le va a decir así?". Eso fue casi al principio de nuestra relación. Y ya, en los últimos días, cuando me iba a dejar a mi casa, yo sentía una tristeza profunda, que no entendía y que no tenía que ver con que ya nos estábamos despidiendo esa noche, sino que era algo que venía de otro lugar. Yo me preguntaba por qué sentía eso, una sensación que no podía comprender, quizá una parte de mí, más inconsciente o quizá más elevada, no sé cómo decirlo, sabía lo que vendría».

También se le hizo curioso a Laura una vez que fue con Joss a una fiesta a la casa de Jaír, quien a la postre acabaría chocando con él y asesinándolo. «Eran conocidos, porque habían vivido cerca y ahí me lo presentaron. Recuerdo que estaban platicando del auto Jetta que esta persona se había comprado y que corría más rápido de lo normal, porque le habían modificado el motor, o algo así, y fue justo con ese coche con el que los impactó... Recuerdo que tenía un tatuaje y que vivía con su madre. Al parecer, esa familia había tenido problemas y me quedó la idea de que él también era problemático. No recuerdo sus facciones, pero me quedó esa idea. No recuerdo si venían de la misma fiesta la noche del accidente. Quien venía manejando era el primo de Joss, que era el conductor designado y, por lo tanto, no había bebido».

El accidente fue en la madrugada del sábado, para amanecer en domingo. A las 7 de la mañana, a Laura la despertó la llamada de un número desconocido. Contestó y se dio cuenta de que era Diego, el hermano de Joss. «Soy Diego. Mi hermano tuvo un accidente y falleció», le dijo. «Como que no lo capté, no lo podía procesar —recuerda hoy día—. A él se le cortaba la voz. Le dije que a dónde iba o qué podía hacer. Me dijo que estaban en el hospital de los venados y me pidió que avisara a sus amigos de la universidad. Colgamos y regresé a mi cuarto y me dormí, quizá en un afán de evasión, y en ese pequeño instante soñé pesadillas terribles».

Laura fue con una amiga al velorio y desde ese primer momento la familia la integró por completo, con mucho cariño: «Era increíble, pero ellos, en su absoluto dolor, también se daban un espacio para consolarme a mí».

Laura se tardó un tiempo en procesar todo lo que había sucedido. Le impactaban los tres ataúdes en el velorio. Sentía como si estuviera ahí y, a la vez, no estuviera. Fueron varios días los que se reunieron para velarlos. Recuerda también el último día, cuando llevó una rosa roja y le preguntaron si quería despedirse de él. Fue una experiencia que también la marcó. Le puso la rosa dentro del féretro y tomó su mano. Quiso darle un beso amoroso, pero no alcanzó, así que se lo dio en la frente. Le costó llorar: se tardó varios días. «De las primeras cosas que sentí fue que no me quería divertir, porque pensaba que él ya no podía hacerlo», comenta Laura Cárdenas. «Cuando me cayó todo fue unos meses después, cuando estaba en una fiesta, en la cual, sin darme cuenta, me estaba divirtiendo y, de pronto me acordé de él y saqué todo el llanto que tenía acumulado. También me costó mucho trabajo volver a salir con alguien, por lo mismo; pasaron dos años antes de que me animara a hacerlo».

A la fecha, Laura no se ha casado ni tiene hijos. Piensa que eso no guarda ninguna relación con lo sucedido, pero le queda un poco de duda si inconscientemente hay algo que no haya podido sanar. Acudió a terapia en los primeros meses, pero cree que no fue con la persona correcta. Más bien, atribuye al tiempo que lo haya podido sanar. No obstante, hasta la fecha, cuando vive momentos difíciles, siente su presencia. «Hicieron un video con fragmentos de fotos de él y le pusieron una canción, y de pronto la escucho en la calle, cuando voy pasando, justo cuando estoy en esos instantes en los que la vida te parece decir que algo no anda bien. Quiero pensar que por ahí anda y que me quiere reconfortar, asegurándome de que todo está bien».

***

Hijo, ahora son las 5:00 am del martes siete de junio; me despierto y subo a la recámara donde están Lalo, Gaby, Federico y la Güerita. Pudimos platicar gratamente de Andrea, de Carlos y de ti. Lloramos, por supuesto, pero también nos reímos. Al amanecer, nos bajamos a limpiar y acomodar la casa, el patio y el jardín. Nos preparamos para otro día del funeral.

Un primo de mi madre, el Rabanito, que tenía un negocio de antojitos mexicanos, nos mandó a casa el desayuno para toda la familia. Fue realmente un remanso para todos. Más tarde, ya estábamos listos para otro día en el que tendríamos las emociones a flor de piel, otro día enriquecedor, intenso, gratificante y lleno de desconsuelo, con mucha gente a nuestro alrededor. Llegaron, literalmente, cientos de jóvenes. De mi trabajo me enviaron suficientes sillas para que la gente pudiera sentarse, dentro y fuera de la casa. Fueron infinitos pésames, fue agotador.

Tu amigo Toño Dutch llegó al funeral con un CD de un video que había hecho para ti y me dijo que, cuando estuviera lista, lo viera. Fue con quien compartimos la comida tú y yo, el día anterior a tu muerte. Esa misma noche vi el video y me sentí tan orgullosa de tu vida, de lo que fuiste. Fue un regalo que atesoraré por siempre (el video aún continúa en este enlace: http://vimeo.com/25883936).

Por la tarde, los jóvenes pusieron música, como si fuera una gran fiesta, y a todos les agradó. Así recordaron a sus queridos amigos José, Andrea y Carlos, y esa música nos dio vida a todos los que estábamos presentes. Fue como una acción de gracias para tus primos y para ti. Se sentía la emoción y la presencia de ustedes con esa música, que sonó hasta muy tarde.

Nos fuimos acomodando para quedarnos a velarlos, compartiendo la última noche con ustedes. Yo me quedé en el mismo sillón, con tu papá y junto a ti. Diego, debajo de tu ataúd, en el suelo. Ani, junto con su novio, en otro sillón. Estaban también Gaby, Federico, la Güerita, Lalo y algunos amigos muy cercanos de ustedes. Lucka, tu perra labrador, se acomodó debajo de tu ataúd; de hecho, no se despegó desde el primer día que llegaste. Pasamos esa última noche todos juntos, con ustedes.

8 de junio de 2011

Qué difícil fue enfrentar este día; pedí a Dios que me acompañara hasta el final. Amaneció y nos preparamos para finalizar el funeral y proceder a la sepultura. Carmelita, mi jefa, generosamente me envió tres camiones escolares para el cortejo fúnebre hasta el cementerio. Llegó la hora de partir, les pedimos a todos que subieran y que tomaran su lugar. Infinidad de autos también estaban listos para seguir al cortejo fúnebre.

Fue en ese momento, antes de salir, cuando la familia más cercana se despidió de cada uno de ustedes. Un momento íntimo y lleno de abatimiento. Dejamos ir a nuestros hijos amados. Uno por uno, les dimos la bendición, un beso, una frase, mucho dolor, muchas lágrimas... Nuevamente limpié mi alma con tanto llanto.

Terminamos la despedida y los fueron subiendo a las tres carrozas. Andrea, en medio de tu primo Carlos y de ti. Fuimos camino al panteón con todos los amigos y familia que los quiere. Todas sus flores, que fueron muchísimas, creaban un bello tapiz floral de todos los colores.

Íbamos en caravana. Saúl, el amigo de la familia, fue el encargado de organizarnos en el autobús, y de la logística. Dispuesto y gentil, elaboró bolsas con fruta y agua que nos dieron en el trayecto de camino al cementerio. Se celebró una misa en la pequeña iglesia del lugar; amigos y familiares bajaron los ataúdes que apenas cabían. El lugar era para un ataúd: nosotros llegamos con tres.

La gente no cabía en la iglesia, afuera quedó la mayoría de amigos y familia. El padre celebró la misa con palabras bellas, pero en ese momento nada me consolaba. Subieron nuevamente los ataúdes a las carrozas para ir al lugar del sepelio. El panteón es muy grande y tiene calles para subir y bajar del lugar donde descansan los restos de tu ser querido. Subimos nuevamente al autobús, siguiendo a las carrozas, hasta que llegamos al lugar final de las inhumaciones.

Había escaleras para llegar, así que cada ataúd fue subido por los padres, hermanos, tíos y amigos. Comenzamos sepultando a Carlos, el primo mayor, siguió Andrea y terminamos contigo. A cada uno los despedimos con porras, confeti y música que llevó tu primo Omar.

Mucha tristeza, muchas emociones envueltas en un remolino que subía y bajaba por todo mi cuerpo. No podía entender: ¿por qué mueren tres jóvenes universitarios, con la vida por delante, proyectos, sueños y alegría? ¿Cómo puede pasar esto? En ese momento, no encontré respuesta de Dios.

Ani, Diego y tu prima Güerita liberaron tres palomas, representándolos a ustedes. Las palomas sobrevolaron sobre nosotros, dieron vueltas y vueltas, y se enfilaron hacia el cielo, juntas, una detrás de la otra. Todo acabó ahí, esa fue su última morada. Ahí quedaron sus cuerpos, pero ustedes vivirán de otra manera: en nuestros corazones, en los recuerdos y en nuestros pensamientos.

Ese día, una parte de mí murió con tu partida. Ahora me queda descubrir por qué te fuiste, para qué, con qué finalidad. En ese momento no comprendía nada, no podía entenderlo.

Habíamos tenido, en un lapso de siete meses, cinco muertes en la familia más cercana. ¿Por qué nos pasa esto?, me preguntaba. ¿Dios cree que podemos aguantar tanto dolor? En ese momento no encontraba las respuestas, estaba desolada. Pensé: «Hijo: te prometo que voy a salir adelante con valentía; seré mejor esposa, madre, persona. Poco a poco iré aprendiendo a serlo».

***

El mismo día que comenzaron las nueve misas por la memoria de Joss y sus primos, arrancamos los trámites en el Ministerio Público, en el Juzgado 32 del Reclusorio Sur. Ignacio, mis hijos Diego y Ani, mi hermana Gaby y su esposo determinamos que haríamos todo lo que estuviera a nuestro alcance para que se haga justicia.

Conocimos a la abogada de oficio, quien nos representaría en este caso de homicidio culposo agravado. Se mostró dispuesta, empática, sensible. Nos informó que este tipo de casos son muy tardados y que podía pasar más de un año para que se dictara sentencia. Nos dispusimos a estar ahí, haciendo lo necesario para que el responsable asumiera su responsabilidad, ya que provocó el accidente e iba alcoholizado a más de 150 kilómetros por hora, terminando con la vida de seis jóvenes.

En los siguientes días nos dimos a la tarea de presentar todas las pruebas que pudieran incriminar al responsable: videos, periódicos que hablaban del accidente, fotos, cartas de los colegios y universidades donde estudiaban mi hijo y sobrinos, oficios y trámites del seguro del auto en que se encontraban... Fueron muchos trámites y evidencias que nos solicitaron en el reclusorio. Más adelante, un familiar de mi cuñado Federico nos ofreció llevar el caso penal y, aunque así fue, jamás nos desentendimos del caso. Acudíamos con mucha frecuencia al reclusorio para saber el estatus del caso, coadyuvando con los abogados de la familia, el Ministerio Público y el juez.

Solicité en mi trabajo un par de semanas para recuperarme y dar agilidad a todos esos trámites legales. No supe decirle a mi jefa cuánto tiempo necesitaría hasta que estuviera en condiciones de trabajar lo mejor posible. Al final, me ausenté un mes, que me ayudó mucho con todos los trámites. Recibí íntegro mi sueldo, lo cual me hizo sentir muy agradecida. Por otra parte, cada día me sentía triste, enojada, muy sensible, y vulnerable. Esa era mi nueva realidad de vida.

El responsable de todo seguía resguardándose en el hospital, argumentando estrés postraumático, aunque no presentaba daño físico alguno.

Por su parte, sus desesperados padres intentaban salvarlo de la cárcel e hicieron hasta lo imposible por conseguirlo. Nos enteramos de que quisieron sobornar a policías, doctores y abogados. Hoy puedo entenderlos, pero también sé que cada acción tiene una consecuencia, y que esa consecuencia hay que asumirla.

En esos primeros días, les hicieron a Joss y a sus primos un ritual de despedida, un ritual funerario budista. Todo lo que sumara nos interesaba y nos hacía sentir mejor. Fue algo lindo, diferente y respetuoso, y agradecí a los amigos que lo organizaron.

A Joss le realizaron un homenaje póstumo en el grupo de ciclistas de Down Hill. Lo organizó Julio, uno de los amigos ciclistas de la familia. Fue en el kilómetro 25 del Ajusco, en una nueva pista de descenso que lleva a partir de entonces el nombre de Joss, José Angel. Hicieron dos grandes mantas con sus fotos. Julio hizo una remembranza de la trayectoria de mi hijo como ciclista y como persona. Guardamos un minuto de silencio. Ese día se inauguró la pista con el nombre de mi hijo, coincidiendo con la carrera nacional.

Diego estaba muy emotivo, todos lo estábamos; no obstante, compitió en la carrera, y obtuvo el cuarto lugar en su categoría. Nos acompañó amorosamente la familia más cercana y los mejores amigos de Joss. Mi madre no acudió a esta bella despedida de su nieto por decisión propia. Para todos fue un día memorable.

***

3 de julio de 2011

Querido Joss:

Sigo extrañándote mucho, mucho. Creo que cada día es más duro enfrentar tu ausencia, gran parte del día te pienso y te recuerdo en todo lo que hacías y decías.

Desde tu muerte, me acuesto en la noche queriendo soñar contigo, pido que en mi sueño me hables, me digas cosas, oírte que estás bien... pero no he logrado soñar contigo.

Me duermo con tu filipina de chef, la que usabas en la universidad; no la he querido lavar con la intención de conservar tu aroma personal. Hoy día ya casi no huele a ti; sin embargo, dormir con ella me reconforta: siento que me abrazas y que estás cerca de mí.

En esta semana hemos comenzado nuestra terapia familiar con un tanatólogo, para que nos ayude a todos con nuestro duelo. Vamos a seguir con la terapia; tengo días buenos y otros no tanto. A veces digo estar bien, pero me pongo a llorar con cualquier recuerdo o comentario. Estoy muy callada, sigo enojada, nada me da alegría. Hago las cosas sólo porque se tienen que hacer.

En estos días te realizaron, y a tus primos también, una ceremonia de despedida. La ceremonia consistió en llevar lo que a ustedes les agradaba, como su comida preferida, la música que escuchaban, fotografías... y recordar anécdotas de cada uno. Fue muy agradable recordarlos y conocer las experiencias de sus amigos con ustedes.

Fuimos al Reclusorio Sur para saber qué rumbo sigue el caso. Estamos muy al pendiente de lo que se requiere. Redactamos una nota para el periódico *Reforma*, donde se menciona la injusticia del caso. La nota se publicó el 2 de julio, a casi un mes del accidente, y el culpable continúa escondiéndose en el hospital, sin daño físico ni mental aparente. Tu tía Gaby otorgó una entrevista en la radio, hablando del caso, lo que dio como resultado que al día siguiente el culpable fuera trasladado al reclusorio. Esto nos dio tranquilidad. Tenemos confianza en que el responsable de tu muerte, la de tus primos y la de tus amigos, tendrá el espacio y el tiempo suficiente para reflexionar sobre sus actos. El caso se prolongará hasta que el juez dicte sentencia.

***

Cuando se cumplió un mes de la partida de Joss, regresé a mi trabajo. El curso escolar estaba por finalizar y fue cuando más pendientes se acumulaban en el Departamento de Servicios Escolares que tenía a mi cargo. Con todo el dolor de mi corazón, busqué la fuerza para presentarme. Recuerdo que iba insegura y vulnerable, con mucho miedo. No quería que mis amigas, compañeros, padres de familia, alumnos, ni nadie me viera, ni que me hablara, porque ya sabía que sentirían lástima por mí. Me estacioné y me tomé un par de minutos antes de bajar del auto, respiré muy hondo, recé y me encomendé a Dios: le pedí fortaleza para soportar esa otra prueba de la vida. En ese momento, comprendí que el mundo no se había detenido, todo seguía, aunque yo no estaba preparada aún para continuar con mi vida laboral.

Ese día tuve mucho trabajo; mis compañeros me ayudaron y todos se portaron muy empáticos. Pasó lo contrario de lo que había pedido. Todo el mundo quería platicar y saber de mí. Los padres de familia también me recibieron con mucha empatía. Me di cuenta de que las personas, a veces, no tienen palabras para consolarte, no saben qué decir ni qué hacer; noté algunas miradas de lástima y algunos susurros. Esto me obligó a ser muy fuerte para no romper en llanto frente a todos. Sentía que lo tenía que evitar a toda costa. Después, cuando me quedaba sola en mi oficina, lloraba descontroladamente y, al cabo de un rato, me sentía mejor. Siempre evitaba que me vieran llorando. Y luego, se repetía la escena... y me volvía a reponer.

Me costaba mucho concentrarme y hacer bien mi trabajo. Ponía toda mi atención e intención para que las cosas salieran correctamente. Y así es como me reintegré a mis actividades diarias. Pero era por las noches cuando más pensaba en Joss; sentía su ausencia a flor de piel, todo me lo recordaba. Me preguntaba si estaba bien, si descansaba y si estaba con Dios, aunque cada día le reclamaba a Dios por qué se había llevado a mi querido Joss. ¿Por qué lo arrancó de mi vida? Le decía mil veces que me hubiera llevado a mí, que intercambiaría mi vida por la de mi hijo sin pensarlo. Sin embargo, ya no había marcha atrás.

Con Diego y Ana empecé a ser más tolerante y acordamos algunas reglas de familia, como dejarlos salir de fin de semana, que era algo que me aterraba. Quería protegerlos a toda costa de un posible accidente o que se vieran involucrados en un evento desafortunado. Comprendí que no debía coartar su juventud y sus vidas y comencé a soltarlos muy lentamente, con un miedo mayúsculo. Pese a todo, pedía a Dios, para ellos, protección, y para mí, consuelo y confianza.

***

11 de julio de 2011

Querido Joss:

Decidí arreglar y escombrar tu cuarto; lo hice con la ayuda de tu papá y de tu hermana. Vimos tu ropa, tus cámaras fotográficas, tus cartas, tu uniforme de la universidad, tu cajón, las botas de la moto, tu casco, tu mochila, tu balón de peluche... Por momentos, me sentí paralizada, con las emociones encontradas. Lo positivo y negativo se fundían en uno solo, la tristeza y la alegría se adueñaban de mis sentidos y emociones. Por un lado, tenía que asumir que tus pertenencias ya no eran tuyas, que todos esos objetos ya eran nuestros; eso nos causaba tristeza. Por otro lado, la alegría venía a nosotros cuando recordábamos cómo disfrutaste la vida con cada una de tus cosas.

Acomodamos todo. Tu mural de fotos lo dejamos como tú lo habías dispuesto. Decidimos regalar algo de ropa, tirar papeles y lo que ya no servía. Lo sentí como una limpieza energética, limpieza profunda de emociones. Me sorprendí de que no lloré. No sé si sea algo bueno o todo lo contrario, pero me sentí mejor de haber arreglado tu cuarto. ¡Gracias, hijito!

La aseguradora del auto del responsable del accidente nos ha indemnizado por tu fallecimiento. Aunque nunca nos haya sobrado el dinero, de esta manera no lo quiero. Más adelante, seguramente lo utilizaremos en cosas positivas y enriquecedoras para nuestra familia, pero, por ahora, no lo quiero.

Hoy hemos ido al panteón a realizar los trámites de la lápida y del pasto que le pondrán. Los días pasan lentamente. He trabajado muy bien con mi terapia de tanatología. El terapeuta me hace enfrentar el dolor de mejor manera. He tenido sesiones en tu recámara... Duele, duele bastante.

Algo muy simpático que hicimos fue ir a las luchas, sí... en la tradicional Arena México. Fuimos con tus hermanos y sus amigos. Es un ambiente relajado, popular y muy terapéutico para gritar, gritar y reír. Fue una actividad totalmente diferente; ni siquiera sé si me la pasé bien. Por momentos, analizaba la situación y automáticamente pensaba en ti. Las lágrimas se hacían presentes: aún no estaba lista para divertirme. No me lo permití.

También acompañamos a Diego al Centro Médico Nacional para que le realizaran estudios de rutina por su hipoparatiroidismo; espero todo salga bien con eso.

Ahora son las 3:27 de la madrugada; tengo insomnio severo. Estoy triste, ansiosa. Ya lloré, te escribí e intentaré dormir y soñar contigo.

Joss, por siempre te amaré.

***

24 de julio de 2011

Mi niño:

Va pasando el tiempo, la vida sigue su curso. Nosotros continuamos, caminando hacia adelante... aunque sin ti, ya nada es igual. Hasta la acción más simple y cotidiana, como ir de compras, me entristece. Ya no compro lo que te gustaba comer. Mi reto es aprender a vivir con tu ausencia. Cuando creo que ya estoy mejor, de repente vuelvo a llorar a mares. Sin embargo, hay dentro de mí una voluntad que me dice que no es así como quiero vivir el resto de mi vida. Tengo tu foto con flores hermosas y una veladora encendida a diario. Continúo durmiendo con tu filipina, aún no sueño contigo, espero ese día con ilusión.

Siento que los trámites legales no van a acabar nunca. He estado pidiendo a Dios que otorgue fuerza a tus tíos Gaby y Federico. Perder a un hijo te aniquila, pero perder a dos hijos no sé cómo explicarlo... Debe de ser como morir dos veces.

Por otro lado, me siento mal porque la relación con tu abuela Eva se ha convertido en una batalla campal. Recibo de ella desprecio, desamor, humillaciones e indiferencia. Ahora no puedo con eso, no tengo energía. Por el contrario, necesito que mi madre me dé su mano para levantarme, que me abrace y me consuele como a una pequeña niña, con el gran dolor que ahora siento y estoy viviendo. Sin embargo, eso no ha ocurrido ni ocurrirá. Ya he comprendido que nadie puede dar lo que no lleva dentro. He preferido retirarme, alejarme de ella para tener un poco de paz y poder vivir mi duelo de mejor manera. Tu abuela es el ejemplo de lo que en mi vida debo soltar y fluir. Su manera de ser no me pertenece: se lo devuelvo para que ella se haga cargo de eso.

Joss, deseo estar mejor, créeme que lo intento a diario, pero es muy difícil con esta gran tristeza que ahora siento. Seguiré en esta lucha diaria, voy poco a poco abrazando de nuevo la vida, aunque a veces entre en esta montaña rusa de emociones.

Vivirás por siempre en mi corazón. Te ama tu mamá Ani.

***

Durante las siguientes semanas se llevaron a cabo las audiencias en el reclusorio, con peritos y testigos del accidente. Hablamos con un magistrado de la Quinta Sala Penal, en referencia al caso. Es retador estar en el mismo sitio junto al responsable de la muerte de tu hijo y ver a su familia, escuchar lo que los abogados defensores dicen. Es agotador física, mental y emocionalmente. Cada vez que acudo, salgo de ahí exhausta.

Recordaba cuando Joss me preguntaba: «¿Qué, ya no me quieres?». Y también me decía: «¡Sí, loca!», cuando le pedía que hiciera algo. Podría parecer que esas palabras eran una grosería; sin embargo, la manera en la que lo decía y dentro de nuestros códigos familiares, era la forma en que me mostraba su cariño. Joss siempre fue muy bromista desde pequeño, simpático, agradable. Generalmente estaba contento y sonriendo, y eso le abrió las puertas con mucha gente y situaciones. Recuerdo sus abrazos, tan fuertes, cuando casi no me dejaba respirar. Yo le pedía que me soltara en ese momento. Ahora añoro tanto esos abrazos que me quitaban el aliento; daría todo por uno de ellos, aquí y ahora.

Muchos días me sentía desolada. Yo sola me reponía y tomaba fuerzas para levantarme. No sé cómo lo lograba. Pedía a diario soñar con Joss, sin lograrlo, invariablemente imploraba a Dios que me diera fortaleza durante el día; opté por vivir así: un día a la vez.

***

Algo que nos sacó de la rutina fue ir a visitar a Germán de María, un médium y maestro de *reiki*. Yo no sabía qué pensar de eso, si hacía bien o no en acudir a algo así, pero Ignacio estaba interesado en poder comunicarse con Joss de alguna manera y saber de él. Así que decidimos ir junto con mis hijos y mi sobrino Omar. Estábamos todos muy nerviosos, desconocíamos lo que iba a suceder.

A cada uno nos dijo algo sobre Joss que únicamente sabíamos nosotros. Sin mediar palabras. Únicamente, nos sentamos y nos relajamos. Germán de María comenzó a hablar, diciéndonos a lo que se dedicaba Joss, sus inquietudes, sus estudios, sus fotografías, sus logros y sentimientos. Habló del novio de mi hija Ani, del negocio de Ignacio. Fue una experiencia que nos impactó a todos. Nos relajamos y nos tranquilizó. Sus palabras fueron sanadoras. Es una persona enigmática que irradia paz. No lo hace con fines de lucro, sino por ayudar.

Días después de esta experiencia, nos dimos a la tarea de organizar la exposición en homenaje a Joss, con todo su trabajo de fotografía. La montamos en el jardín de la casa el 2 de septiembre de 2011. Nos ayudó toda la familia y llegaron muchos amigos de Joss. Sus compañeros de la universidad, una vez más, prepararon los bocadillos que ofrecimos. Jessica, su hermana mayor, trajo el vino, las copas y globos blancos que lanzamos al cielo al final del evento.

Se vendió casi toda la exposición y nos quedamos con pedidos para entregar. Llegó Germán de María y, cuando lo vi entrar, pensé que

Joss venía con él, que lo representaba. Ese día pude sonreír, sucedieron cosas hermosas. Ese día di gracias a la vida.

***

En agosto, mi hermana Gaby, su esposo, mi hermano Lalo, Ignacio y yo acudimos a constelaciones familiares. En esta ocasión, trabajamos el tema de las pérdidas en nuestra familia. Fue una sesión poco motivante para mí: había bastante gente en el lugar y toda esa energía desbordada me abrumó. No estaba totalmente dispuesta a participar; pues mi querido Joss tenía muy poco tiempo de haber fallecido y, a veces, depende mucho de lo que tu sistema familiar permita expresar o mostrar, de la energía y apertura que cada quien sienta y exprese.

Yo conocía de tiempo atrás esta terapia controversial del alemán Bert Hellinger, cuando acudí a un día de convivencia de padres de familia en la preparatoria en donde estudiaba mi hija Ani. Ahí ofrecían todo tipo de conferencias, talleres y terapias. En una de ellas, me llamó la atención el nombre de «constelaciones familiares». Me pareció amoroso, porque integraba a toda la familia. Esa vez, me sorprendí de lo que sucedió, me quedé boquiabierta y, desde ese momento, busqué conocer más a fondo sobre el tema. Solicité los informes de la terapeuta y me adentré en comprender y experimentar esas terapias que me resultaban sanadoras y muy fuertes emocionalmente.

Mi hermano Manuel y yo disfrutábamos asistiendo a constelaciones familiares con nuestra terapeuta-facilitadora Gloria, quien, durante años, nos asistió. Nos agradaba participar y dar a conocer a amigos y familiares sobre estas sesiones. Y, sobre todo, nos motivaba que pudieran sanar de alguna manera sus problemas y situaciones familiares.

De las constelaciones familiares aprendí que podía sanar y reconciliarme con mi árbol genealógico, con mi clan familiar masculino y femenino, reconocer a mi niña interior herida. Me di cuenta de que podía cortar las lealtades invisibles e inconscientes que, por amor, había tomado, para poder estar en paz y armonía, logrando hacer las cosas de forma distinta a como lo habían hecho mis ancestros, pidiendo humildemente que vieran con buenos ojos que yo lo hiciera diferente a ellos.

Eso es lo primero que aprendí: a observar en cada sesión a mis ancestros, representados por otras personas. Aprendí a ver hacia atrás, voltear a ver a todos, reconocerlos, integrarlos, honrarlos y pedir permiso para hacerlo a mi manera.

Poco a poco, dejé de lado y devolví con amor las limitaciones que flotaban en mi historia familiar, creando un destino diferente para mí y mis descendientes. Fue un trabajo interior por el cual reconocí mis raíces, mi historia, los patrones repetitivos de violencia familiar, los abusos, los secretos, las crisis económicas, algunas infidelidades, las enfermedades, las culpas, los abortos y embarazos no deseados, las injusticias, las herencias materiales enfermizas, el alcoholismo... Todo lo que vivieron mis antepasados.

Algunas de las palabras que nuestra facilitadora nos decía eran muy emotivas y sanadoras. Se desenredaban las ataduras invisibles que me atrapaban; aprendí a honrar y no a juzgar la historia de mis padres y abuelos, de mis antepasados. Lo hice observándolos, integrándolos y aceptando sus patrones repetitivos. Llevé a cabo un aseo profundo de lo que me costaba trabajo mirar y que había permanecido por muchos años y generaciones, permitiéndome confiar en que haría lo correcto encontrando mis propias respuestas.

Tuvimos la ocasión de que nuestra terapeuta Gloria, que radicaba en California, estuviera por una temporada realizando sus terapias a cientos de personas en nuestra casa. Se la ofrecimos Ignacio y yo con entusiasmo a todos los que acudían. Cada sesión de esa temporada me llenó el alma de emociones, casi siempre sobrecogedoras.

Poco tiempo después, mi familia y yo tuvimos una sesión especial de constelaciones familiares, en la que conocimos a la hija mayor de mi esposo, Jessica. De todas las sesiones que había tenido hasta ese entonces, esa es la que he guardado hasta el día de hoy en mi corazón. El sentimiento con el que me dejó fue de total gratitud hacia la vida.

Eran los tiempos en los que Joss estaba todavía con nosotros. Un día antes de esta sesión especial, acordé con Ignacio que Ani, José, Diego y yo conoceríamos a Jessica para que finalmente la reconociéramos como su hija mayor y la integráramos con amor a la familia. Para mis hijos, fue muy impactante que les dijera un día antes que conocerían a su hermana mayor, pues ellos no sabían de su existencia. Creo que para todos fue algo muy positivo y sanador. Estábamos nerviosos, teníamos mucha curiosidad e interés de conocernos. Agradezco que todos hayan tenido la apertura para lograrlo.

Ese fue el gran «secreto de familia» que nos destruía la vida y el alma. Son esos secretos a voces que, una vez que salen a la luz y a los ojos de todos, nos dan mucha paz a quienes queremos estar mejor en la vida.

Esa sesión fue muy fuerte. Fue el comienzo de una relación respetuosa y amorosa hacia Jessica, su esposo Gabriel, su pequeño hijo Pablo y también hacia todos nosotros. Años después, nació Jimena, segunda hija de Jessica. A partir de ese momento, hemos continuado con la relación familiar. A veces, la frecuencia con que nos vemos no es la que quisiéramos. Pese a ello, estoy segura de que las ocasiones que hemos coincidido han sido enriquecedoras y amorosas. Nos hemos compenetrado como familia y cada vez aprendemos algo de cada uno de nosotros.

Años después, cuando mi hermano Manuel falleció, me alejé casi por completo de las constelaciones familiares. Asistí esporádicamente a algunas sesiones, entre ellas a una con mi amiga Yoli, quien experimentó en carne propia las constelaciones familiares y decidió estudiar y hacerse terapeuta o facilitadora en esta rama. Con el tiempo, ha complementado su trabajo y ofrece con diversas herramientas, como programación neurolingüística, medicina homeostática, hipnosis clínica, biosinapsis y otras. Con ella, acudimos Ani y yo a una sesión para trabajar una vez más nuestro duelo, de una manera tranquila y sanadora, aceptando amorosamente nuestra realidad actual.

***

A principios de septiembre de ese año, me llegó por correo un ofrecimiento para tomar terapia psicológica para toda la familia, por parte de la Procuraduría General de Justicia (PGJ), debido al acontecimiento de las muertes de nuestros hijos. Fuimos con nuestra mejor disposición de recibir ayuda y realmente nos sirvió mucho. Nunca, nadie de nuestra familia había tomado terapia psicológica. Nos dejaban tarea y en las sesiones trabajábamos a fondo todas las emociones y sentimientos, interactuando como familia. Nos hicieron vivir el duelo y enfrentarlo. Fueron sesiones sanadoras y reconfortantes.

Cuando llegó el Día de Muertos, fue un reto para mí. Creo que lo es para todos los que tienen seres queridos que se fueron antes. Fuimos al panteón y estuvimos como en un día de campo. Hubo música, muchas flores, cervezas, veladoras, comida, carpa, sillas... Hubo alegría por estar recordándolos, junto con la familia, con Gaby y Federico, y algunos amigos de mis sobrinos fallecidos. Pintamos de colores los nombres de sus lápidas, llenándolas de alegría. No había ninguna tumba como la de Joss y sus primos: sin temor a equivocarme, eran las tumbas más alegres del panteón.

La pasé bien, a pesar de ser un día tan significativo y fuerte de afrontar. Años atrás me gustaba poner la ofrenda: tomaba esta tradición mexicana como algo divertido. Ahora que la pongo para mi hijo, no me parece algo divertido. Lo siento como un homenaje, una celebración que cobra mucho más sentido y una manera de honrar su vida y a quienes han muerto en nuestra familia. Las cosas y las tradiciones pueden tener significados distintos, dependiendo de cómo las vivamos internamente.

En la casa montamos entre todos una ofrenda grande y bonita, justo a la entrada. Puse la bicicleta de Joss como parte de la ofrenda. Cada vez que ponía una cosa, lloraba y me metía a la habitación. Salía nuevamente a poner otro objeto y volvía a llorar. Ignacio hacía lo mismo. Tardamos más de un día en terminarla, debido a las interrupciones para reponernos.

Cuando nos reuníamos, veía a mi hermana Gaby y a Federico tan tristes, también luchando por estar mejor y viviendo su duelo a fondo. Ahora así eran nuestras reuniones: con muchas emociones a la vez, con llantos que no tratábamos de ocultar, con una comprensión profunda y un respeto por el dolor de la otra persona. Pero todos estábamos seguros de que estaríamos bien algún día.

***

Comencé un curso de *reiki*, con Germán de María. También escribía, leía, iba a terapia psicológica. En esta, trabajé tantos temas y tan profundamente, que me hicieron volver a la vida más fortalecida. Crecí en todos los aspectos.

El psicólogo responsable se llamaba Mario y, desde el comienzo, fue muy humano, cálido y claro en su manera de trabajar. Muy profesional, pese a su corta edad. Nos hacía trabajar en sesión y, aunque no tuviéramos las palabras para expresarnos, él nos ayudaba a decirlas. Fue un trabajo de mucha introspección: algunas me emocionaron mucho y guardo gratos recuerdos; otras las sufrí bastante y pensaba que no las podría soportar. Cada vez que terminaba alguna tarea, me emocionaba presentarla en la próxima sesión, como si fuera niña.

Dentro de las tareas más significativas de esta terapia, recuerdo las siguientes:

- Reestructurar las reglas de la familia, escribirlas y ponerlas en un lugar visible.
- Reestructurar nuestras reglas personales y escribirlas.
- Cuestionarnos cómo era nuestro duelo en ese momento y cómo queríamos vivirlo.
- Hacer dos dibujos: nuestro duelo presente y el del futuro.
- Escribir la primera carta a Joss.

- Hacerle llegar la carta escrita a Joss.
- Realizar su epitafio.
- Hacer un álbum fotográfico de Joss a partir de su nacimiento y hasta su muerte.
- Cuestionarios de nuestro avance en el duelo.
- Mejoras en la comunicación de la familia.
- Comprar un regalo para Joss.
- Escribir la segunda carta a Joss.
- Escribirme una carta a mí misma.

Cada sesión era para mí un disparo de energía, un rayo de esperanza, un respiro de vida. Cada vez, salía de ahí con más fortaleza. Estaré siempre agradecida a nuestro psicólogo Mario por llevarnos a mi familia y a mí por este sendero de dolor, de autoconocimiento y aceptación en nuestro duelo, a lo largo de un año de terapias.

También, en el mismo lugar en el que recibíamos la terapia psicológica, en la PGJ, Ignacio y yo decidimos asistir a un taller de padres que perdieron a sus hijos. Sin embargo, los padres asistentes se encontraban muy mal, y toda su amargura, tristeza y enojo no me hacían bien —escribe Ana—. Me daba miedo y me sentía muy nerviosa al escuchar sus relatos e historias. Me asusté al ver que no habían podido enfrentar su pérdida ni sanado su duelo, ya que sus hijos habían fallecido muchos años atrás: cinco, diez, quince, veinte años o más, y decían sentir lo mismo, como desde el primer día. Fue una lección profunda, un parteaguas para mí. No quería eso para el resto de mi vida. No creía que me hiciera bien ni que le hiciera bien a nadie. Había una retroalimentación del dolor que casi llegaba a una cierta fruición, a una autocompasión que no podía ser sana, a algo muy parecido a regodearse con ese dolor. Me pregunté si eso podía ser catártico, después de tantos años de permanecer en un círculo vicioso, y me pareció malsano.

Me asusté tanto que decidí no estar así. Ellos fueron mi ejemplo de lo que no se debía hacer y me sirvió para actuar y trabajar en mi duelo. De todas las experiencias que viví, continuamente elegía las que sumaran a mi vida. Todo lo positivo, lo abracé y acepté. Y supe que el camino que había elegido era el correcto.

***

Para tomar acción y mantenerme ocupada, empecé a estudiar un diplomado en Diseño Floral, que me tomó año y medio terminar. Acudía cada sábado y, al finalizar, obtuve mi certificado oficial. Las flores me transmiten alegría y descubrí que son una de mis pasiones en la vida.

Algo malo es que comencé a fumar nuevamente, un punto menos a mi favor, o así lo interpreté en ese momento. La ansiedad se apoderó de mí. Es una adicción difícil de erradicar.

Algo simbólico y emocionante fue que Diego empezó sus preparativos para viajar a Suiza, con su novia Andrea. Va a dejar la carta que le escribió a Joss a Suiza, a donde él tenía planeado viajar y no pudo concretar.

Empecé a preparar un álbum fotográfico para Joss, desde su más tierna infancia hasta sus últimos días. ¡Vaya si fue terapéutico! Desde comenzar a sacar las cajas de fotos con todos los recuerdos a seleccionar las imágenes. Lo que más me impactó fue darme cuenta de que, como ya he comentado, Joss estaba sonriendo en todas las etapas de su vida. Fue realmente feliz. En cada una de las trescientas fotos agregamos un pequeño comentario. Fue una labor que implicó mucho esfuerzo, así que integramos a la familia para que todos colaboraran con esa bella tarea de la terapia.

***

Cuando se acercaban las fechas navideñas, tuve que enfrentarme otra vez a mi dolor. Mis días pasaban entre enojos, cansancio, tristeza, satisfacciones, intolerancia y muchas cosas más que me impedían avanzar. Pensé en acudir al psiquiatra y estar medicada. Quizá, eso me podría ayudar a estabilizar mis emociones, ayudarme para hacer mejor el trabajo que me corresponde a mí, que es el de vivir el duelo, atravesarlo y poder salir de él fortalecida. Sin embargo, quizás el fármaco me podría ayudar a tener más claridad mental y mayor fortaleza para lograr hacer el trabajo por mí misma.

Cuando llegó enero, en esos difíciles días, decidí acudir al psiquiatra, al Instituto Nacional de Psiquiatría, al sur de la Ciudad de México. Mi esposo acudió también a las terapias durante un breve tiempo y no requirió estar medicado. Fue dado de alta rápidamente. Mi psicólogo me dio una carta para poder ingresar al Instituto y comencé mi tratamiento con dos medicamentos. Poco tiempo después, únicamente consumía el antidepresivo Sertralina. Al principio tenía temor, porque creía en la absurda idea de que es malo tomar medicinas psiquiátricas, que la gente con locura y problemas mentales es la que acude al psiquiatra. Tuve dos consultas previas y me informaron de que era plena candidata para que me atendieran y que, con ello, podría mejorar mi calidad de vida en todos los sentidos. Afortunadamente, tuve a los médicos apropiados.

Las citas eran mensuales y, después, se fueron espaciando a cada dos y tres meses, y finalizaron con intervalos de medio año. Las consultas eran con diferentes médicos y esto me desconcertaba, pues cada vez que acudía era un nuevo interrogatorio de mi historial y de lo que me había llevado ahí. Sin embargo, todos los médicos fueron empáticos: eran residentes que estaban realizando su especialidad. En cada ocasión, la consulta transcurría como si estuviera platicando todas mis vivencias con alguien conocido. En ocasiones me aumentaban o disminuían el medicamento y tomaba cierto tiempo para que me acostumbrara a la nueva dosis y alcanzar un equilibrio que me diera estabilidad emocional.

Llegó el día en que la toma del medicamento estaba causando en mí un sueño profundo y crónico, ya que por una temporada estuve durmiendo más de catorce horas seguidas, con un cansancio extremo y adormilamiento en general, que me había llevado a estar en la Clínica del sueño de la UNAM, haciendo algunos estudios. A principios de

2016, me dieron el alta de psiquiatría y, finalmente, ya no seguí medicándome. Me sentía extraordinariamente bien, pudiendo conciliar un sueño natural, profundo y reparador. Es así como experimenté estar en atención psiquiátrica: a veces me avergonzaba decir que estaba atendida en esa institución, pero ahora agradezco y abrazo amorosamente el que me hayan atendido ahí. Una vez más, quedé agradecida con la vida.

Ese año, por primera vez falté al brindis navideño de mi trabajo. Era algo que me encantaba, pero en esa ocasión pudo más la tristeza que las ganas de pasar un buen momento. No encontré motivos para celebrar y brindar. Igualmente, visitamos a las familias de ambos lados con comidas y cenas por los festejos navideños, pero era distinto a cualquiera de los años anteriores. Había una especie de nube gris que lo empañaba todo. ¡Cuánto extrañé a Joss en estas fechas de celebración! No obstante, en terapia comprendí que está bien sentir todas las emociones. Es parte de enfrentar el duelo, de aceptar la ausencia.

En medio de todas las emociones que me embargaban, hice mis deseos y propósitos para el año que iniciaba. En otras ocasiones los veía muy lejanos, pero en ese momento sabía que los podía cumplir si avanzaba un día a la vez. El mismo dolor que me embargaba me daba impulso. Entre esos deseos y propósitos estaba contar con mucha fortaleza, cuidar mi salud, realizar mi trabajo con entusiasmo, sanar mi buró de crédito, aplicar para comprar una casa, estar alegre, tranquila, positiva y amorosa... y aumentar mi tolerancia y paciencia con todos los que interactuaban conmigo.

Por esos días me sentí un poco liberada, después de haber finalizado el álbum fotográfico de Joss, que fue una experiencia familiar sanadora y un objetivo relevante. Sabíamos que, quien observara ese álbum, sabría con claridad quién había sido mi hijo y cómo disfrutó hasta sus últimos días.

Por otro lado, Ignacio dejó de salir de viaje, empleó a una persona para trabajar su camión y empezó a buscar otra ocupación para generar ingresos.

Finalmente, decidí lavar la filipina de Joss y dejarla colgada en mi clóset. Volteaba a verla cuando me acostaba a dormir, eso me tranquilizaba. Ya no dormía con ella. Y cada noche le decía a mi querido hijo que, en donde estuviera, recibiera todo mi amor y que anhelaba soñar con él.

***

Era el comienzo de un nuevo año y tenía la esperanza de que iba a mejorar, junto a mi esposo y mis hijos. En la familia habíamos intentado llevar bien lo que estábamos pasando. No obstante, dentro de las etapas del duelo creo que estábamos atravesando la etapa del enojo, por lo cual la convivencia en casa no era la mejor. De cualquier forma, nos apoyamos unos a otros. Gaby y Federico acudían al mismo psicólogo de la PGJ y frecuentemente nuestras pláticas se centraban en las experiencias y avances alcanzados; eso era algo de lo que nos enorgullecíamos. Los fines de semana nos reuníamos para jugar dominó y baraja, una terapia divertida que nos animaba a todos. Constantemente, mi hermana Eva y su familia nos invitaban a comer o cenar a su casa, con lo que nos hacían sentir acompañados. Eran muestras de cariño que aceptábamos con amor.

En un día de inspiración y aceptación, escribí lo siguiente: «Con todo lo que comencé a trabajar en las diferentes terapias, me di cuenta de lo esencial en la vida, de los cambios que debo hacer en mis pensamientos y acciones. Comienzo a vivir la transformación que me reconforta en estos momentos de tanto dolor. Voy aceptando lentamente la ausencia de mi hijo y todos los cambios que conlleva esta situación. Me falta bastante para finalizar esta caminata, la más difícil hasta ahora. Pese a todo, empieza a ser la más profunda y transformadora de mi vida».

***

Joss:

Hoy amanecimos con una noticia muy triste: nuestra querida perra Lucka falleció, después de estar enferma y hospitalizada. De hecho, era tu perra y creemos que te ha ido a alcanzar. La incineraron y llevaremos sus cenizas al cementerio, para que esté junto a ti.

Honramos la vida de Lucka por ser una perra amorosa, educada e inteligente. Siempre comentábamos que sólo le faltaba hablar. Le agradecimos por compartir estos ocho años con la familia. Los psiquiatras me comentaron que es usual que los perros y, en general las mascotas de quienes mueren, al poco tiempo también lo hagan.

Seguimos en terapia, cada quien a su ritmo: tus hermanos lo han hecho muy bien, te sorprenderías de verlos con todos sus avances. Diego ha procesado su duelo de manera más eficiente, con mucha inteligencia emocional, y ha sido un ejemplo para todos nosotros. Lo dieron de alta de la terapia psicológica.

El caso penal continúa en el Reclusorio Sur, hemos tenido audiencias y valoraciones de un perito psicológico. Acudir a estas diligencias es extenuante en todos los aspectos. De regreso a casa, llego agotada y sin ganas de nada.

Dentro de las tareas que nos dejan en terapia, una de las que me han hecho sentirme orgullosa de ti es hacerte un epitafio. Investigué un poco y se dice que en vida debemos hacer nuestro propio epitafio, y que puede ser de manera seria o graciosa. Que, cuando morimos, nuestros familiares quedan a cargo de esto, si es que no lo hemos realizado antes nosotros mismos. Me di a la tarea de elaborártelo de las dos formas, ya que tú eras muy simpático, bromista y alegre.

EPITAFIO PARA JOSÉ ALFREDO ANGEL MÁRQUEZ
Viví veintiún años disfrutando, riendo, bromeando, amando, equivocándome y acertando.
Aproveché cada día para vivirlo intensamente.
Al final, me llevo lo mejor de la vida y de ustedes.

Con amor y agradecimiento:
Joss
30/08/1989 05/06/2011

Coloqué en tu epitafio una fotografía en donde sales con un perrito. Escogí esa porque aquel día tuviste una sesión fotográfica con él y estabas muy contento, algo que se puede apreciar en la foto.

Luego hice el siguiente epitafio, el gracioso, recordando las palabras que invariablemente nos decías a toda la familia cuando por la noche llegabas de la universidad, tan alegre que hasta te ponías a bailar. Nos decías que echáramos un volado para saber quién mandaba a Diego por los tacos, siempre bromeando.

Epitafio a Joss:
Querida familia: ¿qué, ya no me quieren?
Caquí los espero, pero no se tarden,
«Suelo, suelo, suelo».
Los quiere y nunca olvida:
Casillitas
30/08/1989 05/06/2011

Doy gracias a la vida porque, por medio de estas tareas, me estoy encontrando y he descubierto mis sentimientos más profundos. Me he ayudado de lecturas, de libros que hablan acerca del duelo, de los hijos... y creo que la actitud que voy tomando es positiva. Sé que mi esencia es de luchadora y que no soy fácil de vencer. Sigo adelante, a pesar de todo.

Extraño tu presencia, tu compañía, tu amor; todo lo que eras lo extraño y te digo que no me olvidaré de ti mientras viva en este plano.

Sé que estoy progresando cuando me levanto a trabajar, cuando veo la dulzura e inocencia de los niños con los que tengo contacto aquí, en la escuela. También, cuando sonrío al recordarte, cuando me ocupo en estar bien, cuando logro divertirme en una reunión o en un juego de dominó, cuando el amor gana al dolor para levantarme cada día, cuando nos apoyamos como familia con tus tíos Gaby y Federico, principalmente. Ahora soy yo, tu mamá, la que quiere sentirse bien y seguir adelante en esta caminata de la vida.

***

Las fechas importantes y conmemorativas son difíciles de llevar, y a veces nos llegan sentimientos muy profundos, que nos desequilibran por momentos, sin que anticipen su llegada. Pocos días antes del 10 de mayo, en mi trabajo se llevó a cabo el festival del Día de las Madres, con los niños de preescolar. Todo iba muy bien, estuve observando algunos números de baile y canto. Los niños eran tan inocentes y dulces con cada número que presentaban... Después, regresé a mi oficina a trabajar y así estuve un lapso de tiempo, entrando y saliendo para ver los últimos detalles del festival. Cuando acabó, me invadió un sentimiento de tristeza y nostalgia, y no pude contener el llanto. Cerré la puerta de mi oficina y me dejé llevar. Lloré sin parar por un par de horas, con un sentimiento muy hondo. Fue un día devastador. Como mamá, me faltaba un hijo.

Cuando por fin llegó el verdadero 10 de mayo y tocaba mi propio festejo con la familia, la pasé mucho mejor. Hubo comida y estuve contenida, proponiéndome pasarlo lo mejor posible, principalmente por mí, por mis hijos, mi esposo y la familia. En los días posteriores, me concentré en estar mejor en general, pensando en que siempre mi costumbre había sido que yo me tenía que ocupar de todos y al final de mí. Me sentía como después de una caída, de un golpe demasiado grande por el cual todo mi cuerpo *me dolía*, pero aún más me dolían el alma y el corazón; era como, si al pasar algunos días de ese golpe y hacer un pequeño movimiento, me resintiera de todo, hasta las uñas y el cabello me dolían. A veces, podía ser la cosa más tonta lo que me provocaba el dolor y lo que me hacía llorar y enojarme. Y eso es lo que estaba viviendo: sentía el dolor de frente y estaba asumiendo mi duelo.

Para esos días ya se acercaba el primer aniversario luctuoso de Joss y de sus primos y volvió el tema de las fechas difíciles. Me di cuenta de que un torbellino de pensamientos y emociones venían a mí, todos los sucesos de hacía un año se incrustaban en mis pensamientos.

Empecé a recordar los días previos a que falleciera mi hijo. Su vitalidad y ganas de vivir. Rememoré vívidamente el día antes, cuando comimos en casa. Me llamó para avisarme de que ya había llegado y me preguntó si podía calentarme la comida para cuando yo llegara del curso sobre «El perdón» al que asistí. Había invitado a su amigo Toño a comer y la pasamos muy bien. Por la noche llegaron sus primos, porque de nuestra casa iban a salir a la fiesta de una amiga. Todos iban tan contentos… Fue la última vez que los veíamos con vida. Nadie lo esperaba ni sabía que unas horas más tarde nuestra vida cambiaría por completo.

Y volví a pensar en qué habría pasado si en esa fiesta bailaban una canción más, o una menos. Da igual, con tal de que pasara el lapso de unos segundos de una manera diferente. Quizá, esa canción, esa estrofa de canción que hubieran bailado de más, o de menos, los habría salvado. Pero el destino, al parecer, ya estaba escrito. ¿O no existe tal cosa como el destino? Me sorprendí con esas interrogaciones de nuevo. ¿Sería cierto entonces que, si se hubieran distraído un minuto más o se hubieran tardado un poco más en salir, todo habría sucedido completamente distinto? No encontraba respuesta, una respuesta que necesitaba en ese entonces, y la pregunta me quemaba por dentro. Ahora entiendo que es una respuesta que necesitan todas las personas que viven un duelo de esa magnitud.

***

Un día antes del accidente, yo había asistido a un curso sobre el Perdón. ¿Qué fue lo que me llevó a ese curso en ese preciso momento? No lo sé. Hay situaciones en la vida que algunos llaman sincronicidad o diosidencia. Lo cierto, es que ahí estaba yo ese día, estudiando ese material, sin que entonces le diera demasiada importancia a lo que causaba en mí no perdonar a mi mamá, a mi agresora, a quien había herido constantemente mi corazón de hija. Sin saber tampoco que ese perdón era el que iba a necesitar para lo que tenía por delante, para poder algún día siquiera entender y eventualmente perdonar a quien le quitaría la vida al hijo que había nacido de mis entrañas y quien llenaba cada uno de mis instantes de alegría y motivos de vivir.

Había puesto mi vida entera, mi esfuerzo completo, mi voluntad, fortaleza, cariño y amor para poder estar bien. Lo intentaba cada día. Había sido enriquecedor el hecho de querer sentirme mejor y, en general, ser mejor persona en todos los aspectos. Quererme primero a mí para poder dar a los demás. Cambiar las cosas que sí podía y las que no, respetarlas y aceptarlas.

A pesar de todo lo que había vivido, también tenía satisfacciones y alegrías. Ese dolor, el más grande que puede sentir una madre por su hijo fallecido, me había transformado en una mejor persona. Decidí serlo para sentirme orgullosa de mí. Decidí no tener miedo a nada de lo que la vida me presentara.

***

También había conocido la amistad sincera y la empatía. Es algo de lo que pasa cuando uno vive una situación así, tan traumática. Aunque no todo fue igual: hubo personas que, al contrario, se alejaron. Cuando recién murió Joss, yo pedí a una amiga que se acercara a mí, porque necesitaba de su apoyo y compañía. Me dijo que sí; sin embargo, no sentí su cercanía. Al contrario, se fue retirando poco a poco. Otra de mis amigas, a quien había conocido en el trabajo del colegio La Salle, fue al velorio, pero desafortunadamente nunca más me volvió a hablar. No me di cuenta de inmediato: tuvo que pasar un poco más de tiempo, quizá un año, para que por fin fuera consciente y me pregunté qué habría pasado con ella. Porque tuvo que pasarle algo, no entendía que de pronto se hubiera esfumado de mi vida.

Otra amiga, también muy querida, a quien conocía desde la primaria y que también fue al velorio, después desapareció. No la volví a ver. En un momento dado, me dio por buscarlas a través de las redes sociales, sin éxito. Le pedí a algunas amigas sus contactos, pero tampoco lo logré. Quizá siga insistiendo, porque yo sí las quiero; las sigo recordando.

Una explicación es que la gente no sabe qué hacer con la tristeza de otros: no sabe acompañar. No sabe que, a veces, no hace falta decir nada: vale solo con estar presente.

Pese a ello, también hay una contraparte positiva y enriquecedora: afortunadamente, encontré nuevas amistades, como la novia de Joss, Laurita, y su mamá, Paty, a quienes realmente no conocía. Fueron lindas personas desde el principio. No pasa un día sin que reciba un mensaje de Paty o de Laura. Cuando llegan las fechas del aniversario de Joss, siempre hay una palabra de cariño, de apoyo, de acompañamiento.

Yoli, mi amiga desde la primaria, me ha acompañado desde siempre, lo mismo que otras amigas de mi trabajo de la escuela, que también han permanecido. Una de ellas es ahora de mis mejores amigas. Se llama Ani, igual que yo. Ani Fuller. Ella me dio acompañamiento desde antes y, con la muerte de Joss, se hizo más como mi hermana. Otra amiga del trabajo, Margarita, también me ofreció su apoyo; ella es tanatóloga y supo guiarme en este camino del duelo. Hasta el día de hoy, tengo comunicación constante con Hilda, Adriana, Margarita, Bey y Ani... Todas ellas son amigas entrañables a las que quiero, admiro y respeto. Son esas las dualidades de la vida: unas amistades se alejan por completo y otras llegan y permanecen amorosa y desinteresadamente.

***

No sé si estaba escrito en mi destino, pero, por alguna razón, la tanatología siempre me había atraído. Antes de que falleciera mi papá; es decir, antes de que se sucedieran todas las muertes de mi familia, una tras otra, yo ya acudía a conferencias de tanatología en diferentes lugares de la Ciudad de México. Su estudio fue crucial en los días posteriores a la muerte de Joss. En enero de 2023, empecé a estudiar tanatología de manera formal y virtual, como referiré más adelante.

A principios de junio de 2011, a tres semanas de la muerte de José, comenzamos Gaby, Federico, mi familia y yo con la terapia de tanatología. Nuestro terapeuta era Ramón, un hombre joven, robusto, tranquilo y afable. Cuando acudió a la casa y lo vi entrar, me dio confianza de inmediato y sentí que era como un familiar o una persona conocida, casi como un ángel que me inspiraba y que transmitía tranquilidad. No sé si fue porque desesperadamente necesitaba que alguien me quitara el profundo dolor que sentía durante todo el día. Deseaba que alguien me rescatara de eso, pedía a gritos no sentir ese gran pesar y desesperanza, y sobre todo, requería que me enseñaran a sentir adecuadamente ese dolor, vivirlo de una manera sana y correcta.

Todo esto era nuevo para mi familia y para mí. Buscar y aceptar esta terapia sería el primer paso para transitar nuestro duelo, y el comienzo de una sanación. Mis hijos y mi esposo también se integraron a la terapia. Ramón se presentó muy respetuoso y platicó con todos nosotros. Nos hacía preguntas a cada uno acerca de nuestra relación con Joss. Debía conocer cómo nos encontrábamos emocional y físicamente. Sus palabras fueron muy tranquilizantes y sanadoras en cada sesión. Yo lloraba todo el tiempo; el llanto era tan liberador que, cuando finalizaba la sesión, estaba exhausta. Eso me hacía dormir más profundamente y reconfortada.

Cada semana, el terapeuta acudía a ofrecernos esta terapia; era breve con cada uno de nosotros, pero se prolongaba un poco más conmigo. Algunas de las sesiones las tomé en la recámara que había sido de Joss y eso era lo más punzante. A veces, pensaba que no podría continuar con el constante enfrentamiento entre el dolor y yo. Me situaba en otra dimensión el hecho de estar en ese espacio que fue de mi hijo y en el que él habitó. Me conectaba profundamente con mi hijo y nuestras vivencias juntos.

En una ocasión, el tanatólogo me dijo que me acostara en la cama de Joss; lo hice y él comenzó a cantar una canción de cuna. Parecía un arcángel de lo hermoso que cantaba. El sentimiento que me produjo fue de mucha ternura hacia mi hijo. Fue como si yo estuviera cantando esa canción de cuna a Joss. Después de algunos momentos, Ramón me dijo que yo también cantara, aunque no logré hacerlo: era más fuerte mi llanto que lo que podía cantar.

En otras ocasiones me hacía expresar lo que quedó pendiente por decirle a mi hijo o, simplemente, decir lo que me nacía en esos momentos. El propósito se cumplía, al vivir todas las emociones que eso me provocaba. Lentamente, estaba aprendiendo a enfrentar el duelo; yo era la única que encontraría ese alivio, la mejoría y la sanación. La respuesta se encontraba en mi interior y, a su vez, en cada uno de mis hijos y de mi esposo.

A veces, mis pensamientos me traicionaban y comenzaba a pensar en fantasías, en cosas irreales, como lo que me pasaba con mi hermano Manuel poco tiempo después de su muerte. Días después de la muerte de Joss, pensaba que ya era la hora en que él llegaría de la universidad, que no me había hablado por teléfono... En ocasiones, creía verlo a lo lejos, caminando por la calle, entre la gente. Pensaba en esas acciones que cotidianamente hacía, en lo que yo estaba acostumbrada a vivir con él. Lo bueno es que desechaba esos pensamientos inmediatamente, en cuanto me percataba de ellos. Rectificaba mi pensar y, en ese momento, lo analizaba y decidía ir aceptando los cambios en mi vida, como me sugería mi tanatólogo. Debía aprender a vivir de diferente manera, aprender a vivir con la ausencia de mi hijo.

Antes de Ramón, había tenido la oportunidad de tomar brevemente esta terapia con la intervención de mi amiga tanatóloga Margarita, quien acudió a casa a darnos terapia a toda la familia y a mi papá, cuando él estaba próximo a morir. Ahora, después de todos estos años, estoy segura de que optar por una terapia y ayuda profesional en el duelo es lo que me sostuvo y me ayudó a entender, procesar y aceptar mi realidad. Sola no lo habría logrado.

***

Retomé la tanatología en mayo de 2012, casi un año de que empecé a recibir las terapias. Las comencé junto con mi hermana Gaby; de hecho, ella fue quien se informó de los requisitos y me preguntó si quería asistir. Por supuesto que acepté. Esa propuesta me agradó y enorgullece el hecho de que hasta el día de hoy es que siempre hemos estado, ambas, buscando y encontrando nuevos caminos para estar mejor en nuestro duelo y, por consiguiente, en nuestras vidas. Creo que son muy semejantes todas las acciones que hemos realizado en este proceso. Continuamente, nos comunicábamos y nos acompañábamos, con una actitud de mucha hermandad.

Seguimos asistiendo a las pláticas de tanatología. Fueron siete módulos y adquirimos nuevas herramientas para seguir adelante, tomando lo que nos reconfortaba y sumaba en ese momento. Íbamos a la clínica 32 del IMSS, en donde se ofrecían esas sesiones. La tanatóloga situaba a su audiencia por el tipo de duelo que estaba transitando. Nos colocaba a los padres y madres que habían perdido a un hijo o hija en una sección aparte, con un gafete especial. Comentaba que nuestros duelos eran punto y aparte, porque la muerte de un hijo producía una ruptura que no era lógica para nosotros, que la vida se nos desgarraba y lo tomábamos como un hecho imposible de aceptar. Eso no me hacía sentir bien: me sentía señalada y etiquetada.

En ese entonces, hacían un recuadro de la intensidad de cada tipo de duelo, incluso escribían el porcentaje del dolor que se sentía. Ahora, al pasar de los años, mi opinión es que no se debe etiquetar los duelos. Por supuesto que es muy duro y difícil el duelo por la muerte de un hijo o hija, pero cualquier duelo por el que estemos pasando es simplemente dolor y tiene la misma importancia y merece el mismo respeto.

Aprendí en esas sesiones que las emociones de un padre y una madre eran muy distintas, ya que las mujeres expresábamos con mayor facilidad nuestros sentimientos y llorábamos con mayor frecuencia. Se decía que los hombres no saben expresar sus sentimientos, o bien, los inhiben, que no muestran su dolor y se encierran en el trabajo o en adicciones para evadir la realidad. Comentaban que la sociedad, erróneamente, se enfoca en el dolor de la madre. Se cree que es la que más sufre en un duelo. Mi percepción es que toda la familia sufre: la madre, el padre y los hermanos; cada quien lo hace a su manera.

Escuché algo muy cierto: que la relación de pareja se desgasta, se rompe, porque nadie es tolerante, todos estamos enojados, tristes. Estas diferencias, al expresar las emociones, pueden acabar con la relación de pareja. Es una realidad que más del 80% de los matrimonios se acaban después de la muerte de un hijo o hija, porque surgen las tensiones, no hay sincronía entre la pareja y la vida sexual a veces disminuye, aumenta o se anula, lo que crea conflictos importantes. En mi caso personal, fue necesario tener paciencia, comprensión, amor y creatividad para introducir poco a poco cambios en mi manera de convivir con mi esposo. Eso me permitió seguir adelante como pareja sin añadir más dolor al dolor. Mi esposo trabajó su duelo lo mejor que pudo; es cierto que le costaba más trabajo expresar sus sentimientos, pero, poco a poco, fue soltando sus emociones a lo largo del tiempo en que estuvimos en terapia tanatológica y psicológica.

Se dice que el tiempo lo cura todo, pero no lo hace por sí solo. Lo que sana es lo que haces con ese tiempo, las acciones y las decisiones que llevas a cabo. Creo que la pareja debe apoyarse y comprenderse, pero, como todo lo que vale la pena en la vida, es lo que más trabajo nos cuesta. Muchos desertan y optan por el camino de la separación o el divorcio.

Aprendí que el duelo de los padres ocupa demasiada energía y que es fácil olvidarse de los otros hijos. Sin embargo, hay que tener presente que ellos también viven su duelo de hermanos. Es muy importante para ellos saber que son tan amados como su hermano fallecido y que ocupan un lugar único en la familia. A menudo, me daba cuenta de que descuidaba a mis hijos, aunque fuera sin el afán de hacerlos sentir mal. Pensaba que era mala madre por no darles el cien por cien de mi atención, mi cariño y comprensión. Hacía un gran esfuerzo por mantenerme lo mejor posible para ellos, además de que no me gustaba que me vieran llorando, para que ellos no se preocuparan por mí.

La muerte por accidente de un hijo es algo que irrumpe violentamente, de manera inesperada, y el duelo se vuelve, por lo tanto, más difícil y complicado. Entre los duelos, es el más traumático y devastador. De pronto, sin avisos previos, como puede suceder en una enfermedad, te das cuenta de que ya no habrá más charlas ni encuentros con tu hijo, no más vivencias, y no puedes dejar de amar ni de llevar en tu corazón todo lo vivido con él. Escuché que el lapso de tiempo común para vivir un *duelo sano* y reponerse con la aceptación es de dos años, aproximadamente. Después de ese tiempo, el duelo puede convertirse en duelo patológico.

En las sesiones nos recomendaron ver películas como: *Te amaré por siempre, Antes de partir, Más allá de los sueños, Más allá de la luz, Cadena de favores, Un regalo del corazón, Violines en el cielo, ¿Conoces a Joe Black?*, etcétera, para comentarlas en las sesiones. A veces nos llevábamos tareas a casa. Una de ellas fue hacernos una máscara de tamaño real de nuestro rostro y plasmar al reverso nuestra experiencia de vida, hasta el día presente. Luego la decoramos y la colocamos en una caja del tiempo. La finalidad fue que estuviéramos consciente de que, aunque nos pongamos *máscaras*, nuestra historia y experiencias vividas no las podremos olvidar ni cambiar.

Mencionaban constantemente que debíamos comer de manera saludable, dormir siete u ocho horas diarias, hacer ejercicio, meditar, enfrentar nuestros miedos, debilidades y fobias, buscar nuestro sentido de vida de forma tal que no hubiera tiempo de criticar a los demás. Concentrarnos en nosotros, escribiendo nuestros dones y áreas de oportunidad, con el objetivo de perdonar los errores del pasado.

Las actividades siempre eran variadas y dinámicas, como escribir una carta dirigida a tu hijo fallecido, aprender a manejar tus culpas, decidir en qué valores nos queríamos enfocar... Nos sugirieron también sembrar árboles, dejar una huella imborrable que mucha gente desee seguir, tener sentido del humor, reírse de nuestra propia historia de vida, ser agradecidos por lo que somos y por lo que tenemos, cerrar círculos inconclusos de la vida, escribir un testamento afectivo, que consistía en redactar cartas a nuestros seres queridos, las cuales se leerían cuando hubiéramos fallecido. Había más sugerencias: realizar nuestros epitafios, dejar por escrito nuestros deseos y preferencias para que se lleven a cabo en nuestro funeral, pasar la página y seguir con una nueva hoja en blanco para continuar escribiendo nuestra vida, abrir puertas a nuevas oportunidades, aprender a desprendernos, fluir, soltar, desapegarnos y dejar ir lo que no sume a nuestras vidas.

A menudo, recalcaban que no hiciéramos caso a las frases que la gente cercana o amigos decían, minimizando nuestro dolor: «Ya no llores», «No lo dejas descansar», «Piensa que se fue de viaje», «Ya pasó mucho tiempo de su muerte, pero tú sigues llorando», «La vida sigue», «Tienes que ser fuerte», «Dios necesitaba un ángel», «Échale ganas»... Todas estas frases y otras similares me las dijeron alguna vez y me disgustaba mucho escucharlas: las sentía tan estúpidas, sin fundamento ni sentido... La gente las dice, porque cree que son palabras de aliento, pero debo decir que son tan irracionales que pueden ser hasta hirientes, porque demeritan el dolor y nos proponen esconderlo u olvidarlo.

Aprendí que el duelo se tiene que sentir y vivir cada día en el presente y que se debe abrazar a profundidad el dolor y la ausencia, dándonos permiso de transitarlo lentamente. No se debe apresurar y no existe una fórmula mágica para sanar. Escuché que no había una regla precisa del tiempo que esto lleva y me hice consciente de que no existen atajos. También, durante mi duelo debí buscar el equilibrio entre el sentir y el hacer, pues mi vida y la de todos los demás no podía paralizarse. Aprendí una nueva manera de relacionarme con mi familia y amigos: la vida abría sus brazos para que yo tuviera nuevas oportunidades en ella. Debí ser amable y cariñosa conmigo misma. Esas actitudes me dieron una poderosa herramienta para continuar compartiendo experiencias, reflexiones y fortalezas.

El primer año

El 22 de julio de 2012 le escribí esto a Joss: «Me siento con mucha paz, ahora que ha pasado tu primer aniversario luctuoso; siento haber cruzado un umbral y que la tristeza y depresión son menores. Lloro con un llanto libre y sanador». Descubrí que me había vuelto más sincera, justa y realista.

Para agosto de ese año, las noticias en la familia se multiplicaban. Yo comencé un nuevo ciclo escolar en la escuela, Diego empezó la licenciatura de Psicología en la Universidad de las Américas (UDLA), Ani ya trabajaba en el laboratorio al sur de la ciudad, como nutrióloga. Y mi madre vendió su casa, así de repente. Nosotros tuvimos que desalojar la casa contigua en la que vivíamos: nos dieron un mes para hacerlo. Al parecer, toda la familia ya lo sabía, menos nosotros, que vivíamos ahí. Así que me armé de valor y solicité a mi mamá un préstamo para un enganche de un departamento, con la idea de poder comprar algo que fuera nuestro. Me lo negó, diciendo que no tenía dinero, aunque todos sabíamos que sí lo tenía, porque acababa de vender su casa. No me quiso apoyar, simplemente, y en ese momento me dolió bastante. Tuve una gran desilusión de mi madre.

Después de buscar entre muchos departamentos y casas en alquiler para mudarnos, encontramos una casa estupenda a las afueras de la ciudad, en el Ajusco, con una renta accesible. Después de algunos problemas que tuvimos que resolver, debido a la manera de beber de Ignacio, finalmente nos mudamos.

La vida con un alcohólico activo es muy difícil. Él no bebía mucho desde que nos casamos, pero empezó a aumentar su consumo después de la muerte de Joss. No es que sea nuevo el alcoholismo para mí, pero sus actitudes me derrumban, me hacen polvo, me enojo bastante y me subo a una montaña rusa de emociones que me desagradan sentir. Sin embargo, recordé las terapias de Mario, mi psicólogo, cuando me decía que Ana es fuerte, que Ana puede salir de las adversidades, que nada ni nadie la puede poner en crisis. Y tiene razón.

Cuando nos cambiamos de casa, decidimos disfrutarla en honor de Joss, de manera que él *entrara* a ese nuevo espacio con nosotros. Comenzamos esa etapa nueva con él por delante, siempre por delante.

***

A principios de noviembre, luego de hacer una ofrenda para todos los muertos de la familia, mi padre Manuel, mi hermano Manuel y, por supuesto Joss y sus primos, Andrea y Carlos, comencé a dar una plática-conferencia a la que llamé: *Madres en duelo*. Todo empezó porque en mi trabajo había muchas mamás con las que mantenía una buena amistad y comunicación afectiva, me visitaban constantemente en mi oficina y me preguntaban cómo me encontraba; yo les platicaba las tareas que hacía en la terapia psicológica y un día me pidieron que les diera una plática acerca de todo eso, pues les parecía muy enrique-cedor y aleccionador.

Así que me di a la tarea de preparar la plática-conferencia, como las que acostumbraban ofrecer a la comunidad escolar cada semana en el colegio. La escribí con el corazón, siendo lo más sincera posible. Incluí todo lo que había hecho a partir de la partida de mi hijo, hacía ya año y medio.

Durante varios días fui puliendo la presentación. Lloré bastante, pero me sentía muy motivada por poder transmitir y expresarme por primera vez en público con un tema tan sensible y personal. Mi finalidad fue dar un mensaje positivo.

Fue muy enriquecedor para mí y para las personas que me escucharon durante dos horas. En ningún momento me puse nerviosa o triste: ahí no lloré. Sin embargo, me percaté de que la audiencia estaba muy emotiva y alcancé a ver lágrimas de algunos asistentes. Solicité algunas voluntarias para interactuar un poco.

Al finalizar, hubo comentarios conmovedores y bellos, a modo de felicitación. Me sentí tan orgullosa de Joss, de expresar en pocas palabras todo lo que fue, lo que hacía, de cómo había dejado una gran huella en mi vida y de cómo había enfrentado mi duelo. Le di las gracias por permitirme dar ese mensaje de vida, fortaleza, esperanza y voluntad. Este fue el comienzo de la plática que ofrecí en otros lugares como escuelas, universidades y grupos que lo solicitaban. También acudí a domicilio de padres que habían perdido un hijo o hija, y a alcaldías, como la Benito Juárez. En cada conferencia ofrecida hice un homenaje a lo que fue la vida de Joss. Sentí que cada vez era mejor la sensación de paz que adquiría con la plática. El transmitir esos temas con padres y personas que me escuchaban, me liberaba de una manera asombrosa, me motivaba, me cargaba de energía y luz para seguir adelante.

En diciembre volví a sentir esa aprensión por las fechas navideñas, que siempre eran retadoras. Ayudó mucho el hecho de que viajáramos con la familia a Mérida, donde la pasamos muy bien, en un entorno distinto al que normalmente se asocia con la fiesta de la Navidad en casa. Mi sobrina Ani, la Güerita, vino desde Dinamarca para visitarnos. Lorenzo y Mateo, los primos de Perú, también llegaron. Todo esto me dio nuevos bríos.

***

Continué con el estudio de la logoterapia, con el tema que me había seguido a lo largo de todo este proceso: el perdón. Para llegar al perdón fueron cruciales todas las acciones, todas las decisiones, todos los caminos que seguí. La actitud con la que tomé cada una de las terapias fue fundamental, porque me permitió experimentar a fondo todas las emociones, obteniendo ganancias positivas. Tuve el esclarecimiento de que debía vivir de la mejor manera posible. En cada terapia había mucho dolor, y lo fui soltando con lágrimas y reflexión. Pero esa palabra, «atravesar», define bien ese proceso: es transitar de un estado de completa oscuridad, viviéndolo al máximo, sin saber a dónde vas a llegar, si es que llegas a algún lado.

Especialmente, no creía poder soportar algunas terapias, porque eran muy crudas y muy reales, y yo decía que ya no quería ir a la siguiente sesión. Paulatinamente, muy poco a poco, fui transformando el dolor en aceptación, en orgullo por mi hijo fallecido, por su vida, por lo que había hecho de ella. Por la persona que fue.

También sentí orgullo por mí misma: me fui transformando en otra persona. Mis sentimientos y mis actitudes cambiaban día a día. A pesar de que en este duelo me caí muchas veces, caí profundamente en barrancos en los que no me sentía segura de poder salir. No quería salir. Mis demonios se hacían presentes. Aun así, con el corazón sangrando, resurgí otras tantas veces. Retrocedía, me detenía. Quise también desaparecer de la faz de la Tierra.

Escalé una gran montaña de obstáculos, de prejuicios, de mucho resentimiento. Mis lágrimas pudieron haber llenado la capacidad de una gran alberca; sin embargo, de cada una obtuve enseñanzas y, al final, gratitud. La gratitud es algo que aprendí a valorar y a dar. Sentí gratitud por todo, por todos. Gratitud por los resultados que obtuve en todo el trayecto. Hoy día, aún me detengo en el camino, pero lo hago con más aplomo, con más conciencia y absoluta gratitud. Observo el horizonte y reflexiono; a partir de ahí, obtengo mayor sabiduría en mi vida.

La logoterapia es un sistema terapéutico fundado por Viktor Frankl, sobreviviente de los campos de concentración nazis durante la Segunda Guerra Mundial. Al vivir en las peores condiciones a las que puede ser sometido un ser humano, ideó esta corriente humanista que propone la búsqueda del sentido de la vida a raíz de los valores. Lo que Frankl decía es que las personas deben «sanar a través del sentido». Eso es lo que buscábamos... y lo que encontré en las sesiones.

Mi terapeuta se llamaba Rocío. En un inicio, yo supuse que seguiría trabajando el tema de mi duelo, pero irrumpió en las sesiones, desbordándose, la relación devastadora con mi madre. Explotó con esas emociones atrapadas que eran tan dañinas para mi alma. Así que trabajamos durante siete largos meses mi relación con mi madre. Rocío me llevó de la mano para sentir esos sentimientos que, literalmente, daban vueltas en mi interior, se estacionaban en mi tronco, en mis intestinos. Las visualizaba como un gran remolino extremadamente denso, que giraba lentamente en mi interior, lleno de colores rojos, amarillos, anaranjados, acompañados de destellos de luz y explosiones. Los somatizaba percibiendo molestias físicas, como vómitos, mareos y malestar general. En cada sesión ocurría lo mismo.

Estaba tan dolida y ofendida, que era como intoxicarme con mi propio veneno. Quedé atrapada con las acciones de mi madre que me hacían sufrir y me sentía víctima de las circunstancias. Esos recuerdos avivaron el coraje, la rabia, la ira, el rencor, la queja constante, el juicio constante... Sentimientos que fueron muy poco saludables para mi cuerpo y mi alma.

Después de muchas sesiones, poco a poco sentí que ese remolino se iba degradando, iba perdiendo su furia y su densidad se reducía, hasta que llegó el día en que pude convertir ese gran remolino en un resplandor de luz en mi interior, que se desbordaba a mis costados, subía hasta mi cabeza y bajaba a mis tobillos. Una experiencia inenarrable.

Pude perdonar a mi madre desde la raíz, desde lo profundo de mi ser, y también perdonarme a mí por permitir que me lastimara durante tanto tiempo. En esos momentos, comprendí que desde ese instante y en adelante no debía acceder o tolerar que me afectaran las acciones de ella y, en general, de ninguna persona. Aprendí que no debía esperar tanto de la gente, que en la vida hay que fluir, sentir y dejar pasar lo que no me corresponde. No cargar con sentimientos y acciones que no son míos. Viajar ligera de equipaje.

Para mí, el perdón fue liberarme completamente de mis pensamientos y emociones que no me hacían bien, que me destruían y me impedían avanzar. Cuando llegó el día en que terminé mi terapia, Rocío, mi terapeuta, me pidió llevar algo significativo a la última sesión. Estuve pensando durante varios días qué debía llevar que representara todo mi trabajo. Finalmente, decidí llevar un autorretrato hecho a lápiz de cuando yo era niña. Mi carita de pequeña significó todo ese trabajo realizado. Ese dibujo era la manera de expresar cómo me había sentido durante la terapia y desde que mi hijo falleció.

Así me sentía, como esa pequeña niña indefensa, tan desprotegida por su madre, necesitada de cuidados, amor, atención, compañía, comprensión, ternura y muchas cosas más que nunca obtuve de mi mamá. En esos momentos, sentí que yo podía proteger amorosa e incondicionalmente a la niña que observaba en el autorretrato, a la niña que sigo llevando dentro de mí. Podía cuidar de ella, de Anita Márquez, de Estrellita del sur, como me decían en mi infancia.

***

La relación con mi madre era algo que me mantenía atada. Ahora lo veo claramente: cómo estaba atada a cuerdas invisibles que me asfixiaban, que me lastimaban en lo más profundo, con el trato tan absurdo y humillante que tenía una madre para su hija. Llegó un momento en el que comencé poco a poco a desatar esas cuerdas mediante la logoterapia; lo hice a través del amor hacia mí. Perdoné a mi madre y a todos los que tenía que perdonar por mi propio bien, y fue absolutamente liberador. Se lee fácil y preciso, pero es muy difícil poder perdonar sinceramente, de raíz.

Después de este tiempo, hubo todavía muchos sinsabores y desilusiones con mi madre, porque seguía la convivencia y ella continuaba con sus ofensas. Era una constante desagradable en la que ponía mucha de mi energía positiva por cambiar la relación, gracias a todo lo que había aprendido. Yo no buscaba pelear ni enojarme con ella. Me encomendaba a Dios cada vez que le hablaba por teléfono o acudía a verla para tener tolerancia y aceptación. Muchos momentos se tornaban incomprensibles para mí y regresaba tremendamente herida y enojada a casa, guardando otra vez ese resentimiento en mi corazón. Después de vivir una y otra vez con estas acciones, me volvía a disgustar, juzgaba, me enojaba en lo más profundo.

Lo que me permitió perdonarla de forma definitiva fue la introspección y la catarsis que experimenté después de haber vivido con ella por última vez durante dos años, que fueron los peores de mi vida. Una vez instalada en mi casa de San Juan del Río, me permití estar en una paz interior profunda, que jamás había experimentado. Me liberé de las emociones de enojo y de rencor. Esta vez, la había perdonado desde el alma, ya no la juzgaba ni me enojaba, ya no existía resentimiento en mí. Así, y sólo así, comprendí que una vez más la había perdonado. Acepté con amor esos recuerdos y vivencias, reconocí que mi madre no iba a cambiar y que es la única madre que tengo, y también que está bien no estar de acuerdo con sus actitudes y acciones, y que es correcto retirarme de ella cuando así lo decida. Por mi bienestar.

Hoy día, mis hermanos y yo cuidamos a mi madre durante todo el año. Acordamos asistirla cada quien durante un tiempo determinado, debido a su demencia senil. Cuando es mi turno de cuidarla, la asisto de manera cálida, humana y generosa. Mi madre ocupa una recámara en mi casa. Me comenta que le gusta mi casa, que lamenta que sea mía y no de ella. Su carácter y sentimientos no han cambiado.

Pero la experiencia extrema fue cuando llegué a perdonar al homicida de mi hijo. Al principio, el sentimiento hacia esa persona era muy difícil de llevar. Un sentimiento nefasto de repulsión, de rechazo a alguien que había causado la muerte de mi hijo, de mis dos sobrinos y de sus amigos: seis jóvenes. No puedo decir en qué momento dejé de sentir ese rencor, esa ansiedad, ese encono. Quizá fue cuando le dieron sentencia, cuando finalmente supimos que iba a estar años en la cárcel.

En ese momento, pensé que podía descansar, que se había hecho justicia. Aunque, claro, nada te va a regresar a tu ser querido y sólo te queda conformarte con ese veredicto. Pero, de pronto y gracias en gran parte a todo el trabajo que ya he descrito en las terapias y en la introspección, me di cuenta de que ya había perdonado: a él, a toda su familia y a todo el evento en sí.

Un buen día, amanecí y estaba libre de esas ataduras invisibles. Por fin me sentí ligera en mi alma. Pude sonreír y, a partir de ahí, comencé a ser más consciente de lo que realmente importa en la vida. Me di un extraordinario regalo al perdonar todo y a todos, incluyéndome a mí. Comencé entonces a vivir mi vida como una mujer plena en todos los sentidos, como una mujer honesta, y feliz; lucho cada día para continuar así. Adopté reflexionar constantemente para hacer una limpieza diaria de lo vivido en un día, de cómo me fue, cómo pasé mi tiempo, con quién lo aproveché para ir desechando lo que no me sirve, identificar qué es con lo que no me siento cómoda, con lo que no soy congruente. Vivo un día con gratitud y, a la vez, con amor.

En ese proceso entendí que, a veces, las relaciones de la familia también nos hacen daño y que hay que tener sabiduría para retirarnos de interacciones tóxicas que no nos hacen bien. También comprendí que las relaciones no duran para siempre, aun siendo de familia: se van fracturando. Aprendí a decir las cosas como son, a decir verdades, que a veces disgustan a la familia. Aprendí y asumí que no debo permitir que hablen injusticias o hagan suposiciones sobre mí; en fin, acepté que se vayan perdiendo las ganas de estar juntos. Es muy natural, las personas cambian, nuestros intereses y necesidades cambian, la gente cambia. Esa es la tarea diaria que debo aceptar. Ahora sé en qué y en quiénes confiar, principalmente en mí, y claro que inevitablemente me voy a equivocar, pero tendré la sensatez de rectificar. Esas herramientas de vida que ya adopté e hice mías ahora las llevo tatuadas en mi piel y en mi alma. La actitud con la que enfrento mi día a día es fundamental y es lo que hace toda la diferencia. Eso es lo que me va a salvar, es mi tabla de salvación.

En otro momento de mi vida, también trabajé el perdón hacia mi esposo. Situación que relataré más adelante. Sentía miedo e incertidumbre por nuestra relación. Fue una decisión difícil, pero esa determinación de perdonarlo la tomé con mucho amor y con la convicción de que podríamos seguir juntos para vivir cada día cuidando uno del otro, comprendiéndonos como nunca lo habíamos hecho.

De esta manera he trabajado el perdón en distintos momentos de mi vida y lo seguiré haciendo cuando lo considere necesario. Es un compromiso conmigo.

***

En mayo de 2013 hice con Ignacio un viaje a Perú. Concretamente, a Lima, Cuzco y Machu Picchu. Nos acompañaron Gaby y Federico. Cuando abordamos el avión, justo antes de despegar, me atrapó la nostalgia y el llanto. La razón profunda, que pude analizar, es que me sentí mal de disfrutar algo bello sin mi Joss. En ese momento, rogué para poder mantenerme serena y fuerte para darme permiso de disfrutar.

El avión despegó con lágrimas rodando por mis mejillas. Poco a poco, me fui recobrando y sutilmente pude observar la majestuosidad del paisaje que estaba frente a mí, entre nubes, montañas, los rayos del Sol y valles. Todo aquello me trajo paz.

Finalmente, me di la oportunidad de divertirme en el viaje, festejando mi cumpleaños número cincuenta. Todo valió la pena.

Había concluido mi tratamiento y aprendizaje de logoterapia y, después de haber trabajado durante siete meses en el perdón hacia mi mamá, me sentí capaz de seguir adelante en esa línea de madurez y control de emociones con respecto a ella. Fui desmenuzando la relación devastadora y tóxica que había mantenido con ella desde hacía tanto tiempo. Al trabajar tanto en mi duelo, había dejado para después la mala relación con mi madre, con la pretensión de que no me lastimara en esos momentos esa relación destructiva que todavía se encontraba agazapada, escondida, latente.

Poco a poco, fui soltando ese dolor y resentimiento que permanecía profundamente en mí. Una relación como esa es devastadora y me dañó, sobre todo, en los momentos que más necesité el apoyo de una madre. Nunca conté con eso; al contrario, me dejó de hablar porque un día le dije, ante la andanada interminable de críticas tan hirientes a sus propios hijos, que, si no tenía algo positivo que decir de ellos, mejor no hablara. Me tomó la palabra. Dejo de hablarme por varios meses.

Decidí que en algunas ocasiones tenía que alejarme, distanciarme de ella cuando así lo requiriera. Encontré la manera de poner límites sin ofender, como una necesidad interna y un reclamo a mi dignidad como persona. Deseché prejuicios y creencias que no eran míos. Hoy, doy gracias por haberme permitido abrir mi corazón tan lastimado por mi madre y perdonar sus acciones. Lo que aprendí en logoterapia dejó una huella muy profunda en mí. Ese tiempo me permitió poner a prueba mi tenacidad, mi realidad y mi humildad en relación con el perdón hacia mi mamá, ya que, por encontrarse enferma, la cuidé varios días en el hospital. La vida me pone en donde debo estar. Ahora puedo fluir, soltar, dejar ir y devolverle todo lo que le corresponde. Perdonarla, perdonarme y seguir adelante.

Sanar, un trabajo de cada día

7 de septiembre de 2013

Hijito:

He tenido una recaída, el mero hecho de observar tu foto me llena de dolor. A veces, siento no tener un motivo para continuar en la vida.

El pasado 30 de agosto, la fecha en que naciste, amanecí enojada y así continué toda la mañana. Ya después, lloré con tristeza y mucho sentimiento, pues habrías cumplido 24 años.

Todo me aburre, el trabajo en el colegio me parece tedioso, es muy sistemático. Ahora que ha comenzado el curso escolar, de sólo pensarlo me desagrada: nuevamente lo mismo. Sé que estoy en apatía total.

Llevo varios días deprimida, tengo que hacer algo diferente, algo que en verdad me apasione. Iré a comprar flores para entretenerme y decorar la casa; eso sí me gusta.

Hoy acompañaré a Diego a una cita médica, ya que lo han trasladado a otro hospital para continuar sus revisiones. Le harán un historial médico y me comentó que no se acuerda de todo lo que le han realizado. Me pidió que lo acompañe para responder a las preguntas.

El trabajo de tu papá ha escaseado. Esperamos que se regularice pronto. Toda la familia continúa con sus mejores intenciones de estar mejor cada día. La vida siempre nos pondrá a prueba de alguna manera, con circunstancias agradables y, a veces, difíciles.

Hijo, creo que a todos nos haces falta. Es difícil seguir y acostumbrarnos a vivir sin ti. Por ahora seguiré día a día esforzándome, continuaré siendo Anita Márquez... o Estrellita del sur. Me ocuparé de la mujer y de la niña que habitan en mí. Les daré mi apoyo y juntas, con valentía, intentaremos levantarnos. Sé que estos días tristes pasarán, tienen que pasar. No me quedaré estacionada aquí, eso te lo aseguro.

Permaneces en mi corazón eternamente.

Aceptación; evolución

He aprendido que, al trabajar mi duelo, voy y vengo en las emociones. A veces, repito algunas etapas, pero lo extraordinario de esto es que salgo fortalecida... cada vez más. Mis pasos son firmes, me siento más segura de todo lo que realizo. No temo enfrentar nada.

En el verano de 2014 fui a Acapulco con Gaby, Federico... y con mi madre. Pude disfrutar esos días y me reí como una niña. Estoy segura de que así es como Joss quiere que viva la vida. Y no sólo en vacaciones. Superé otro 10 de mayo y uno más de sus aniversarios. El día del maestro la pasé contenta: bailé y reí. Después del accidente, prácticamente no había bailado. Sentía culpa, no podía hacerlo. Ahora, bailar me conecta automáticamente con la alegría y el gozo por la música, y esos sentimientos por ninguna razón pueden ser negativos.

Definitivamente, la música ha sido mi gran compañía en el trabajo y en el día a día; continuamente la escucho. Me he convertido en fan de algunos cantantes que he descubierto, ciertas canciones me hacen llorar, por ejemplo: *Perfume de gardenias*, canción que tanto le gustaba a mi hijo. O al escuchar la música que Toño, el amigo de Joss, utilizó de fondo para el video póstumo que le realizó. A veces, evito tocar esas canciones para no llorar, y en otras ocasiones las pongo a propósito para recordar lo feliz que era y sonreír al recordarlo. Esos son los contrastes maravillosos que siento con la música: ambos me parecen bellos y sanadores.

Ahora, los cumpleaños y las efemérides los pasamos con mejor ánimo. Poco a poco, todos vamos sanando. Cuando llegó el Día de Muertos, hicimos una rodada nocturna en bicicleta, del bosque de Chapultepec al centro histórico de la Ciudad de México, y lo mismo de regreso. Fuimos con la familia, algunos primos y tíos. Fueron diecisiete kilómetros de recorrido; salí y regresé sana y salva de la pedaleada nocturna. En veinticinco años no me había subido a la bicicleta. Fue muy divertido, extenuante y enriquecedor. Luego, cenamos en casa de mi hermano Lalo, que puso una ofrenda hermosa, con muchas flores, fotos y con algo que les gustaba y caracterizaba a mi papá, a mi hermano Manuel, a Andrea, a Carlos y a Joss.

Yo puse en la casa una gran ofrenda, la más grande hasta ahora, justo en la chimenea, y la pude montar en un solo día. Me estoy especializando en montar la ofrenda de Joss: hago flores, adorno fotografías, compro artesanías de cartonería y de calaveritas... Es todo un ritual que ahora puedo disfrutar.

Cuando se acercaba la Navidad, la esperé por fin con alegría y optimismo. En Año Nuevo me llené de buenos deseos y de nuevos proyectos. Cuando me di cuenta, ya habían pasado tres años de la muerte de mi hijo. Algunos me dicen que nunca puedes sobreponerte a algo así, pero yo difiero. Es difícil vivir con su ausencia, creo que es lo más doloroso. No obstante, confío firmemente que Joss aún vive en mí de muchas y diferentes maneras; lo importante es aprender a verlas y sentirlas.

Cada día obtengo satisfacciones, procuro vivir al cien en todos los aspectos. Es una nueva manera de vivir, más consciente de mis emociones, sentimientos y realidad. Me pongo en manos de Dios a diario y así pasa cada día, tratándolo de vivir de la mejor manera que encuentre.

Cada vez puedo pasar mejor las fechas especiales, son una gran enseñanza para saber disfrutar lo que tengo y no sufrir por lo que no es posible. Las voy enfrentando y asimilando, y en cada una de ellas, por supuesto que Joss está presente, pero ya no necesariamente con la exclusividad del dolor: también entra el permitirse la diversión, la convivencia y el gozo. Inevitablemente, a veces estoy triste, pero ya es una tristeza distinta, con mucha ternura, nostalgia, con bellos recuerdos y con aceptación.

Ahora entendí que la misión de Joss aquí en la Tierra había concluido, no había tareas pendientes por cumplir. La aceptación de mi realidad me permitió ver con claridad que la muerte de mi hijo llegó cuando tenía que ser, ni antes ni después.

***

Decir que el momento en que sucedió el accidente cambió mi vida es una obviedad. Decir que no existen palabras para definir ese sufrimiento es otro lugar común. La sensación se acerca más a ese estado de vacío en el que, al parecer, no queda nada en el mundo que lo pueda a uno reconfortar. Tiene razón esa frase que dice que quien pierde una esposa es un viudo, quien pierde un padre es un huérfano... pero no hay ninguna palabra para nombrar a quien pierde a un hijo. El lenguaje no alcanza para describir lo que se experimenta en una situación así.

Entonces, no sabía todo lo que iba a aprender. Primero, empezando por mi propia experiencia. Y segundo, por el acercamiento que tendría a las terapias, a los libros que hablan sobre eso y, finalmente, a mi estudio de la tanatología, antes que nada como participante, para saber qué hacer con mi propio duelo y, después, como terapeuta tanatóloga, para poder ayudar a las demás personas a que transiten de la mejor manera posible por esa terrible experiencia por la que yo misma he pasado.

Como ya he comentado, el estudio de la tanatología fue crucial en los días posteriores a la muerte de Joss. En enero de 2023 empecé a estudiarla en línea, con un diplomado que ofrece Gaby Pérez Islas, quien, a mi parecer, es la mejor tanatóloga de México. Al terminar, me certificaré para trabajar de manera profesional como tanatóloga. Así que sigo aprendiendo día a día. Ahora, todas mis lecturas son referentes a este tema y, con esto, cada día recuerdo amorosamente a mi hijo, a mis sobrinos, a mi padre, a mi hermano, a mis seres queridos fallecidos. Los recuerdo con mucho agradecimiento, por haberlos tenido en la vida el tiempo que los tuve.

En las terapias tanatológicas que tomé después del accidente de Joss me dijeron que el duelo no se transita de manera lineal. Efectivamente, así sucedió. Entré y salí varias veces de las diferentes etapas. A veces, sentía que no avanzaba y tuve que aprender que es totalmente natural tener recaídas. Mis días, a veces, eran muy buenos; en otras ocasiones, no tanto. Alcanzar el equilibrio de estados de ánimo no fue fácil. Puse mucho empeño en estar lo mejor que podía. Todo este conocimiento que experimenté de primera mano lo refrendé al estudiar el diplomado. Todas las lecturas me hablaban directamente a mí.

En cuanto a las etapas del duelo, supe que son cinco. Todas las viví en carne propia. **La negación** es la que sentí en primer lugar. No creía que mi querido hijo hubiera fallecido, que ya no se encontraba entre nosotros.

El enojo o la ira se presentó enseguida de la negación. Estaba enojada con el mundo entero y hasta con Dios; a medida en que mi dolor iba disminuyendo, mi enojo fue menor. En ese periodo me recomendaron no tomar decisiones radicales e importantes, sino dejarlas para más adelante, cuando tuviera claridad de pensamiento. El enojo iba y venía sin razón aparente; sin embargo, yo sabía que estaba enojada por la muerte de mi hijo y por todo lo que eso implicaba en mí, en mi entorno y en mi familia.

La depresión o tristeza fue para mí la emoción más insoportable. Es la emoción natural y la más común, y pocos saben cómo manejarla. Para mí, era como recibir latigazos de dolor. Se hacía presente como una opresión en el pecho, falta de aire, desesperanza, llanto fácil o reprimido, poca energía, cansancio, debilidad muscular, apatía, pérdida de apetito, dolor de cabeza, temblores, ansiedad, insomnio o exceso de sueño, fatiga... y muchas otras sensaciones que los familiares, amigos y personas cercanas reprimen y nos sugieren esconder y olvidar. Sin embargo, todo esto, tarde o temprano, se manifiesta en un duelo tardío o con la presencia de alguna enfermedad. Al final, el dolor sale a la superficie. Lo más sano es permitirse estar triste y llorar el tiempo suficiente. No me agradaba estar deprimida, era algo que se mezclaba también con enojo hacia mí. Poco a poco, fui aprendiendo a sentir esa tristeza y depresión, a hacerla mía y no tratar de reprimirla. Después de sentirla con plena conciencia, me tranquilizaba, así iba sanando paulatinamente.

La negociación se presentó en mí poco tiempo después del accidente. Empecé a negociar con la vida y conmigo misma. Deseaba poder estar mejor, pero no sabía cómo lograrlo. Pasaba el tiempo y decidí que cualquier terapia, curso, evento, lectura, taller, tarea o reunión... lo que fuera, todo debía convertirlo en algo positivo para mi vida. Cambié el dolor y lo negativo que sentía por algo mejor y positivo para mi bienestar.

La aceptación, en mi experiencia personal, fue la manera de poder continuar en la vida de manera positiva, plena y feliz. Me reinventé y me reconstruí responsable y amorosamente. Acepté la gran pérdida de mi hijo, abrazándola con amor. Siento un profundo respeto, admiración y empatía por los padres que han pasado por estas cinco etapas del duelo por la muerte de un hijo o hija y han alcanzado la aceptación de su nueva manera de vivir.

De esta forma, realicé parte de mi arduo trabajo de duelo, eligiendo siempre lo que me hacía crecer de estas terapias, lo que me hacía sentir mejor para continuar mi vida con gratitud y fortaleza, estableciendo una nueva relación a nivel espiritual con mi hijo. Ahora lo recuerdo con mucha ternura y amor, él vivirá en mi corazón mientras yo tenga vida. Así, honro su vida y sigo adelante con lo mejor de mí.

***

Joss:

Para conmemorar el Día de Muertos, cenamos como de costumbre en casa de tu tío Lalo, que ahora ha puesto una ofrenda especial. Desde que llegamos a su casa, se lo dijimos. Jugamos nuestro acostumbrado juego de baraja y, durante la cena, la veladora de tu abuelo comenzó a sacar chispas, como diciéndonos «¡atención, atención!». A los pocos minutos, se consumió en su totalidad. Le siguió la veladora de tu tío Manuel, después la de tu primo Carlos, continúo la veladora de Andrea y, por último, se apagó tu veladora, justamente en el orden en que ustedes murieron. Estábamos muy atentos observando cómo se apagaron una a una, en el orden cronológico de su muerte. ¿Realmente nos visitaron o fue una simple coincidencia? Me quedo con la linda idea de que nos visitaron.

Hijo, continúo ofreciendo mi plática de *Madres en duelo*; en esta ocasión, he agregado el tema de resiliencia, para expresar lo que ha significado para mí ese concepto: el poder decir que me he recuperado de las situaciones difíciles que he vivido y seguir fortalecida, avanzando por la vida conociéndome profundamente, aceptándome, siendo consciente de mi presente.

Hasta el día de hoy no he logrado soñar contigo, ya han pasado cuatro largos años. Sé que esto algún día va a ser posible. Tu hermana Ani constantemente sueña contigo y con tus primos y, al contarme sus sueños, los disfruto enormemente, le pido que se siente y que me los cuente a detalle. Al escucharla, me emociono gratamente.

Permaneces en mi corazón eternamente.

***

Querido Joss:

Nos hemos enterado de que el responsable del accidente en el que partiste junto con tus primos y amigos solicitó salir de la prisión con un «grillete electrónico», que lo monitorea las veinticuatro horas del día. Con esto, pagará su condena fuera de prisión, que serían seis años aproximadamente. Después de presentarnos a un juicio oral al Reclusorio Sur, la juez le concedió el beneficio. Salimos un poco desilusionados y molestos. Sin embargo, hemos elegido ser empáticos y fluir. Creemos que el perdón es parte importante de nuestra sanación.

A veces, pienso en el culpable de tu muerte y en su familia. No les deseo mal y también pienso que para ellos habrá sido muy doloroso que su hijo se encuentre en prisión. Igualmente pienso en lo que él estará sintiendo por haber dado muerte a seis jóvenes, por el hecho de haber conducido alcoholizado. Evidentemente, tampoco ha sido agradable para ellos cumplir con una sentencia de nueve años y medio en prisión: los cumple el preso y también la familia. La sentencia, que inicialmente fue de dieciséis años con seis meses, se redujo por un magistrado que tristemente se prestó a la corrupción.

Sin duda, la vida cambió por completo para el responsable que causó tu muerte, siendo también un joven como todos los que murieron esa noche. El estar preso y quizá sin posibilidad alguna de algún día volver a ejercer su profesión de piloto aviador por sus antecedentes penales. Todo esto es difícil de afrontar. Así las cosas, de cualquier manera, no pudimos hacer nada con esta reducción de tiempo en prisión: el culpable paga de cualquier forma y el tiempo siempre es relativo.

Hijito, seguimos con nuestras vidas.

Te recuerda amorosamente tu mamá.

***

Finalmente, pudimos comprar una casa Ignacio y yo en San Juan del Río, Querétaro. Lo hicimos con mi crédito Infonavit y ya hemos dado un pequeño enganche para apartarla. Tendremos oportunidad de dar el resto del enganche hasta el mes de agosto de este año y la iré pagando cada mes directamente de mi nómina.

Se encuentra en un pequeño condominio horizontal con vigilancia las 24 horas; es funcional, práctica y bonita. Algún día podremos vivir ahí; por ahora, seguiremos trabajando aquí en la Ciudad de México. Tengo tanta ilusión de habitar una casa que sea de nosotros... Es un motivo más para seguir adelante.

En las siguientes semanas, estuve muy motivada por la compra de nuestra casa. Me concentré en todas las actividades extras que realizo en mi lugar de trabajo, como son los lonches para los niños y personal docente que salen de paseo en el colegio; es una actividad que requiere mucho esfuerzo. Sin embargo, generalmente recibo ayuda de mis hijos y esposo para esta elaboración. También anticipé las compras mensuales de los dulces que vendo a la cooperativa del colegio desde hace ya varios años. De la misma manera, elaboré los artículos que me han pedido de los arreglos de madera y florales que realizo y que comercializo en mi recién abierta tienda virtual que lleva por nombre: Regala Ya, la cual quedó muy linda. Todo esto lo he logrado con mucho esfuerzo y emprendimiento. Vendo un poco de todo por aquí y por allá, me mantiene activa constantemente y mis ingresos se multiplican.

Reinventar el amor de pareja

16 de mayo de 2016

Joss:

Habría deseado no escribir jamás estas líneas. Casi que no he podido tomar una pluma para hacerlo. Desde hace dos meses he caído en un pozo tan profundo y oscuro, que no estoy segura de poder salir de él. Lo que ahora siento es tristeza, una enorme decepción, enojo, incredulidad, rabia, furia... Me siento traicionada. Quiero desaparecer de la faz de la Tierra; hoy quiero morir. Hoy no soy yo, no soy Ana la que lucha por vivir feliz y seguir adelante.

Me he esforzado tanto, hasta quedarme sin aliento. No creo merecerlo, no lo merezco. Ignacio ha matado mis ilusiones, mi amor. Se han esfumado mis treinta años de matrimonio; se han hecho trizas. Ignacio, tu papá, me ha sido infiel con otra mujer. No encuentro respuesta ni consuelo.

***

Todo comenzó cuando noté ciertos cambios en mi esposo. Desde hacía un par de meses había estado de mal humor y mostraba indiferencia, sin que hubiera un motivo aparente. Comencé a asumir que algo andaba mal, aunque en esos momentos no le di mucha importancia y supuse que era por la presión de su trabajo.

Llegó el momento en que me sentí más y más incómoda con la situación. Así que empecé a dudar de algunas cosas. Estar con esa incertidumbre me situaba en un estado de ansiedad, interrogantes y zozobra. Hasta que un mal día decidí tomar el celular de mi esposo y entendí todo: supe lo que estaba pasando, descubrí la infidelidad.

Ese día esperé el momento en que estuvimos solos en casa para tener una plática, que se convirtió en discusión. No tuvo la valentía y honestidad para aceptar su infidelidad: lo negó todo. Fue hasta que le enseñé su teléfono, que se quedó sin palabras. No pudo controlar su nerviosismo, no pudo defenderse ante eso y, entonces, lo admitió.

Yo no entendía por qué había sucedido. Le pregunté en qué le había fallado, qué había hecho mal y en qué momento perdimos el encanto, la conexión, la chispa y la química que existe entre las parejas. A todo me contestaba que no tenía queja alguna o inconveniente de mí. Entonces, le dije que no entendía. Estaba furiosa y no controlaba mis impulsos, así que rompí el teléfono de mi esposo, estrellé la pantalla de su celular. Y así como hice añicos ese teléfono, igual me sentía por dentro. Estaba hecha trizas, rota en mil pedazos.

Le dije muchas razones de por qué debía respetarme y valorarme, de por qué debía sentirse orgulloso de la persona que tenía a su lado como esposa. La ira seguía surgiendo: no paré de hablar, afirmando que yo era una buena mujer... una buena mujer a la que habían engañado.

Lo que sí tenía muy claro es que eso no lo merecía... y que tampoco era mi culpa. Llegó el momento en que la ira y la rabia se desbordaron y rompí en llanto. Por momentos, me faltaba el aire, no podía respirar. Eran sensaciones muy desagradables que nunca había sentido, estaba fuera de mí, me transformé en una *loca* fuera de control. Ahí no quedaba nada de la Ana que yo conocía, no era esa Ana que luchaba día tras día por estar mejor. No tenía ni la menor idea de cómo resolver esa situación.

Durante varios días pensé en desaparecer de la faz de la Tierra: me quería morir, literalmente. No pensaba en el suicidio como tal, pero en mis pláticas con Dios le decía que estaba lista para irme, que de esa manera no quería seguir viviendo. Seguí arrastrando esa profunda desilusión, hasta me atreví a pedirle a Dios que quería morir en mi cumpleaños, ya que estaba cercana la fecha, para así cerrar mi ciclo de vida de manera perfecta. ¡Qué locuras puede uno concebir en esas condiciones! Ahora que lo analizo, después de varios años, siento pena y compasión por la Ana de ese entonces.

Esa noche me fui a recostar a mi cama, no sé cómo llegué hasta ella. Me costaba trabajo hasta caminar, estaba como fuera de mi cuerpo y mi mente no entendía nada. Casi no dormí, estuve llorando profundamente. Mi llanto llegaba con oleadas de sentimientos; así como el mar se calma y se enfurece, de manera intermitente, así estaba yo en ese contraste de emociones. Esa noche permití que Ignacio pasara la noche en casa, en la habitación de mi hijo Diego. Mis hijos tenían planes con amigos y no llegaron a dormir a casa. Al siguiente día, le pedí que se marchara de la casa, y así lo hizo.

Platiqué con Ani y Diego de lo que había sucedido y me dijeron que me apoyaban en lo que yo decidiera. Mi cabeza estaba con las ideas y sentimientos en completa confusión y desorden, no podía decidir lo que quería para mi futuro. Era época de vacaciones de Semana Santa y estaban próximas a finalizar.

Así continué por algún tiempo. Había perdido completamente la confianza que le tenía a Ignacio. Pasaron días y semanas, y no había comunicación entre nosotros. A finales de marzo fui a la casa que había comprado en San Juan del Río para mostrarla a la familia, y me sentí muy incómoda de estar ahí. Pensar que con tanta ilusión habíamos apartado la casa, y que hasta había llegado a brincar de felicidad y emoción... Para mí, fue difícil sonreír a todos cuando mi corazón no dejaba de llorar.

Pasamos por Peña de Bernal y me distraje un poco subiendo la peña. Más tarde, partimos un pastel por el cumpleaños de Ani y mío: esa fue la peor celebración de cumpleaños de mi vida. Me sentí completamente vacía.

De regreso a la ciudad, la familia de Ignacio nos dijo que su madre, doña Sara, estaba grave en el Hospital de Nutrición. Después de estar varios días ahí, finalmente falleció el 2 de mayo de ese año. Ese evento fue como la campana que suena para salvar a alguien. Lo acompañamos mis hijos y yo en esos días de la ceremonia funeraria. Después de eso, comenzamos poco a poco a tener pláticas sinceras y profundas acerca de nuestra vida juntos y de lo que debíamos resolver para seguir unidos, para que nuestro matrimonio de treinta años siguiera valiendo la pena. Platicamos de muchos aspectos de nuestra relación y llegamos a varios acuerdos.

El siguiente lunes me presenté a trabajar con mi vida hecha pedazos. Me avergonzaba contar a mis mejores amigas del trabajo, porque me sentía muy estúpida. A nadie se lo pude decir, excepto a mi hermana Gaby: ella pudo comprender por lo que estaba pasando. Sentía que nada por lo que me había esforzado había valido la pena. Tanto luchar y querer estar mejor en la vida no habían servido de nada.

Pasé nuevamente por un duelo, pero uno tan diferente, porque la pérdida procedía de una traición. Ignacio no imaginaba la magnitud del daño que me había causado. Retomé la terapia, pero en esta ocasión, de pareja. Me sentí tan mal, que creo que di cinco pasos hacia atrás. Tendría que tomar mucho impulso para continuar caminando.

Fueron pasando los días. En esos momentos, dejé de lado mi tienda virtual, que con tanto entusiasmo había logrado emprender. Nunca más tuve las ganas de volver a abrirla, la pasión con la que emprendí esa tienda desapareció súbitamente: cerré por completo ese capítulo en mi vida. Decidí que lo apremiante era sentirme mejor y que debía trabajar mucho en mí para lograrlo. Poco a poco, lo fui logrando; busqué la ayuda de la terapia de pareja en un principio y, más adelante, fui yo la que continuó en terapia. Me esforcé nuevamente para salir adelante.

Decidí quedarme en la vida haciendo cosas bellas. Si con la partida de Joss no me había rendido, menos lo iba a hacer con esto.

Nuevamente, fui obteniendo seguridad. Asumí que era una buena persona, una valiosa mujer que podía seguir adelante, con o sin su esposo. En ese momento, mis decisiones eran fundamentales para mi futuro. Realicé mucha introspección y resolví que, si quería que funcionara mi relación, tenía que volver a confiar en Ignacio, perdonarlo y seguir amándolo.

Celebro haber tomado esa decisión de reconstruir nuestra vida con valor, empeño, entrega, alegría, mucha comunicación y la determinación necesaria para lograrlo. Ahora que ha pasado el tiempo y miro hacia atrás, veo este suceso de mi vida como una oportunidad de crecimiento en pareja. He perdonado a Ignacio y ha valido la pena permitirnos continuar en nuestro matrimonio. Nuestros últimos años como pareja han sido los mejores de nuestras vidas en todos los sentidos. Nuevamente estoy agradecida con la vida por darme y dar una segunda oportunidad.

Con todo esto que viví, me mantuve alejada de mi madre, que me insistía una y otra vez en que nos fuéramos a vivir con ella, ahora que se había quedado sola en su nueva casa. Me saturé de tanto que me lo decía y mi estado de ánimo no me ayudaba.

***

12 de septiembre de 2016

Hola, mi niño:

Te escribo para decirte que voy mejorando, pero aún cojeo como un animal malherido por la infidelidad de tu papá. Y, a veces, mi herida vuelve a sangrar y el dolor está presente.

Voy poco a poco, estoy en terapia: necesito ayuda profesional para sentirme mejor. He asistido a un curso de autoestima de un conocido conferencista. Creo que lo estoy haciendo bien.

Ha pasado el quinto aniversario de que falleciste: lo he pasado mejor, pinté nuevamente las letras de la lápida, quedaron muy alegres sus nombres, el Sol ya las había opacado. Fue un día significativo, enriquecedor y de aprendizaje.

Tu hermana Ani me avisó de que ella y su novio Bruno han decidido vivir en pareja, por lo que mi bella y querida hija ha dejado la casa y ha iniciado una nueva etapa. Me dio alegría por ella y también nostalgia, por todos los momentos que vivimos. Ahora, la vida está cambiando nuevamente para mí. Diego ha finalizado su carrera, ya hay un psicólogo en la familia. Estoy muy orgullosa de él.

Con la intención de mejorar mi estado físico y mental, me he inscrito a ocho sesiones de clases de baile para ejercitarme, sentirme alegre y aprender a bailar salsa. En las vacaciones fui a Tequisquiapan con tus tíos y tu papá. Logré pasar unos días muy agradables, contenta de reunirme con la familia. Pongo todo mi esfuerzo para estar bien; a veces no lo logro, no encuentro *mi lugar*; no obstante, lo vuelvo a intentar al día siguiente. Sé que voy sanando cuando puedo encontrar el humor en mi propia tragedia, cuando soy creativa y puedo generar orden, belleza y funcionalidad a partir del caos que me rodea. Hay muchos días en los que me sintonizo automáticamente en lo bueno, en lo positivo y, como consecuencia, puedo estar satisfecha por vivir el día a plenitud, feliz de haberlo vivido lo mejor posible.

Ahora esto es lo que soy, lo que tengo y lo que hago. Busco constantemente a Dios, al poder superior, para encontrar motivos para estar feliz en mi vida. Busco mi bienestar y lo quiero hacer extensivo a mi familia. Ya entendí y he asumido que a lo que vine a esta vida es a aprender de las oportunidades que me ofrece la vida, a hacer el bien, ser feliz y vivir con plenitud mi vida. Para ello, tengo que esforzarme cada día.

***

Aprendí a vivir las fechas significativas e importantes de mi vida a profundidad, sin que me dañen o cambien mi estado de ánimo, sabiendo que soy la única que puede darle color a mis días. Cada vez duele menos, permanezco con la cicatriz que me recuerda mi pérdida: la observo con gratitud, la reconozco y la respeto.

Aprendí también que no debo esperar nada de nadie; a veces estoy esperando que la gente responda como yo quisiera, pero así no va la vida.

Estoy aprendiendo a soltar y ser yo, nada más y nada menos. El cambio para mejorar empieza por mí y, como consecuencia, empiezan a gestarse cambios sorprendentes en los demás.

En enero de 2017 nos entregaron la casa de San Juan del Río y fue un gran aliciente, un estímulo para mejorar mi relación con Ignacio. Con mucho trabajo, fui recuperándome de la pérdida de su confianza, ese duelo que he vivido de manera distinta. Me he reconocido como una persona valiosa, íntegra, con valores y virtudes, con acciones por mejorar y errores de los que estoy aprendiendo. Han surgido en mí nuevas inquietudes y retos que cumplir. Analizo a las personas: son mi ejemplo para hacer o no ciertas acciones, cuánto tengo que aprender de ellas y de mí misma. Voy por la vida haciendo lo que me corresponde.

Por otro lado, va y viene el alcoholismo de Ignacio, que siempre está latente. A veces, comete cosas muy desagradables y no puedo hacer nada ante ello. He comprendido que es una enfermedad de las emociones y es algo que él debe resolver y trabajar. Sigo aprendiendo a vivir sin apegos, a nada ni a nadie.

Después de que celebramos el sexto aniversario luctuoso de Joss, ¡por fin soñé con él! Era algo que deseaba con todas mis fuerzas desde hacía mucho tiempo, seis años para ser precisa. Fue un sueño muy real. Recuerdo que lo observaba, lo contemplaba llena de alegría y ternura. Era pequeño, tendría unos siete años. Me seguía a donde yo iba y decía lo mismo que yo. Lo contemplé extasiada mientras el sueño duró. Desperté tan contenta que lloré de la emoción. Todo el día lo recordé. No cabía de felicidad, agradecí a Dios, a la vida, a Joss, por haber tenido este sueño con mi amado hijo. Hoy día continúo recordando este maravilloso sueño, hasta ese día pude estar satisfecha, tranquila y, sobre todo, en paz en lo que se refiere a este tema.

También por esos días me percaté de que la relación con mi esposo había mejorado significativamente en todos los sentidos. En el área laboral, a veces me resultaba muy difícil asistir, siempre tenía demasiadas cosas qué hacer y era la única que las resolvía. Cuando ya no podía más, solicitaba ayuda para que me apoyaran otras compañeras. Me costaba trabajo asistir, sólo pensaba que ya me faltaba menos tiempo para jubilarme.

***

En septiembre de 2017 tomé decisiones que me marcaron de por vida: Ignacio, Diego y yo volvimos a vivir a casa de mi madre, ya que se había quedado completamente sola después de vivir algún tiempo con mi hermano Lalo, dado que la relación con él se afectó severamente por los comportamientos tóxicos y desagradables de mi mamá. De tal manera, que me suplicó repetidamente que nos fuéramos a vivir a su casa, me llamaba a diario para solicitármelo, envolviéndome con promesas que nunca llevaría a cabo. Acordé algunos puntos a seguir para no malgastar la relación y estar lo mejor posible, con amor y en familia.

En cuanto entramos a su casa para vivir bajo ese techo, una vez instalados, no pude creer que estaba ahí, que me había vuelto a equivocar. ¿En qué estaba pensando cuando tomé esa decisión que me llevaba a caer en esa relación destructiva de toda la vida? Mi corazón nuevamente había confiado equivocadamente en mi mamá.

Ella no cumplió ninguna de las condiciones y acuerdos a los que habíamos llegado, que incluso habían quedado por escrito y ambas habíamos firmado. Todo fue en vano. A los pocos días de estar viviendo ahí, se transformó en otra persona o, más bien, retornó a ser la que siempre fue. Me dijo que nada de lo que habíamos acordado se iba a llevar a cabo, que ella no lo cumpliría.

Esto me dejó un gran aprendizaje, aunque tarde, pero lo reconocí y me hice cargo de eso: no creer, ni confiar en mi madre. Es de lo único que me he arrepentido en la vida: haberme ido a vivir ahí, algo que me hizo experimentar un gran enojo conmigo misma.

Ella decía y hacía cosas que me lastimaban en lo más profundo. No podía concebir que mi propia madre lo hiciera, pero eso me fortaleció. Enfrenté la realidad tal cual, por cruda y fuerte que fuera. Una vez más, mi mamá me regalaba el ejemplo de lo que no debía hacer.

En sus valores no entran la espiritualidad, el amor y la sana convivencia con su familia. Lo que me daba paz es que fui a vivir con ella con mis mejores intenciones. Sin embargo, poco a poco me fui transformando y haciendo un caparazón para cubrirme, defenderme y poder caminar.

Cuando se acercaba la Navidad de ese año, me decidí a adornar la casa de manera muy especial, decorando hasta el último rincón. En cuanto mi mamá se percató de lo que estaba haciendo, me dijo que quitara mis cosas de ahí, ya que sus hijos vendrían a cenar en Navidad y todo eso le estorbaba. Una vez más, me sentí ofendida por sus malos tratos.

Cada vez que cocinaba, la invitaba para que compartiéramos la comida, a lo que me respondía que no iba a comer mi comida, que ella no comía esa clase de cosas. Eso, a pesar de que yo siempre guiso con mucho cariño y que es muy rica mi comida.

Aun así, me dedicaba a podar los árboles de la entrada y las jardineras interiores. Mantenía siempre limpia la casa y la alacena llena de productos. Ignacio me dijo que nosotros nos haríamos cargo de todos los gastos de la casa, que no le pidiera a ella nada, y así lo hicimos. El refrigerador siempre tenía lo suficiente para comer: todo funcionaba de maravilla. Hasta nuestros perros, Cocoa, Pelitos y Lola, se portaban muy bien. Sin embargo, a diario me hacía notar su mal humor, amargura y desprecio. Yo evitaba engancharme con esas actitudes mal intencionadas e hirientes.

Por circunstancias de la vida, mi hermana Gaby también llegó a vivir a la casa de mi madre. Ocurrió lo que siempre nos pasa a todos en la familia: malos tratos, desprecios, groserías, humillaciones sistemáticas... en este caso, directamente a Gaby. Qué tristeza me daba vivir así. Llegó el punto en que mi madre echó a Gaby de la casa, como si fuera una adolescente. Ella se marchó por dignidad, como medida preventiva, para no empeorar la situación. Me quedé nuevamente sola, sin mi hermana. Lo bueno era que Ani me visitaba muy a menudo y nos hacíamos compañía. Eso me mantenía motivada.

Seguí ahí por un tiempo, detenida en esa casa y en la ciudad, por mis hijos y por mi trabajo, pero anhelando el día en que me pudiera ir de ahí y residir en mi casa de San Juan del Río.

Por esos días, a Ignacio le robaron su camión y nos quedamos sin equipo para trabajar. Empezamos desde cero... nuevamente. Perdimos todo el patrimonio que durante años habíamos forjado. El robo fue violento: lo golpearon y lo tiraron en la carretera, pero está vivo para contarlo. Un gran susto y lección en cuanto a tener asegurados los bienes con los que contamos.

Empecé a asistir a un grupo de Alanon, que es una organización de ayuda para familias de alcohólicos. Son programas muy espirituales y enfocados en tener un crecimiento personal. Me di cuenta de muchas cosas importantes a las que no les daba el valor que realmente tienen. Fue un año de altibajos. A veces me quiero rendir y, de hecho, me he rendido, pero poco a poco resurjo, cada vez más fortalecida y convencida de enfrentar mi realidad.

En el grupo de Alanon aprendí que sólo por hoy admitiré lo que el día me traiga, sólo por hoy seré tolerante, y también aprendí a hacer el bien cada día a alguna persona; eso es algo que me trae mucha satisfacción. Cambiar yo, fijarme en mí, trabajar en mis defectos y debilidades, no querer cambiar los de los demás... Las peleas diarias que tenía con mi madre, por ejemplo, trataba de que se me olvidaran a la mañana siguiente. Lo mejor para mí es que al día siguiente comenzaba mi día como si nada hubiera pasado, procuraba olvidar lo que había ocurrido el día anterior. Soltar, fluir, no darle importancia... siempre fue mi constante para no saturarme en esa relación tóxica. Hoy día es algo que admiro de mí.

Comprendí y acepté que es la única madre que tengo y que así es ella, que no debía intentar cambiarla.

***

El robo del camión de Ignacio nos colocó en una situación económica muy difícil. Él y Diego fueron muchas veces a la zona en donde sucedió el robo. Iban con la Policía. Rastrearon su teléfono, que también le robaron, y encontraron el lugar donde señalaba la aplicación; al parecer, era una bodega en donde guardan todo lo robado. Era toda una mafia y red de criminales que roba camiones en el Estado de Puebla.

Sin embargo, a pesar de que Ignacio seguía con la esperanza de recuperar su camión, era muy posible que ya lo hubieran desmantelado. Así que, más adelante, dio el enganche para comprar un tráiler, con la ayuda de Ani y dos de sus hermanos, que lo apoyaron desinteresadamente. Volvió a trabajar en la Central de Abastos, con las personas que ya conocía.

De regreso a casa

El 31 de julio de 2019 fue mi último día de trabajo en el colegio en el que había laborado durante 22 años. Un par de días antes, decidí renunciar y notificarlo a mis jefes. Fue una decisión radical, difícil sin duda, pero acertada. También, me mudé a San Juan del Río a vivir en mi casa bonita. Por fin lo logré, junto con mi esposo y mi hijo. Me sentía llena de emociones encontradas. Por un lado, alegría, satisfacción, fortaleza, seguridad, valentía. Por otro, miedo e incertidumbre. Todo se mezclaba en mi mente. Añoraba estar en paz y tranquila.

Se vendió la casa de mi madre. Mi hermana Eva propuso comprarla y, para evitar problemas e inconvenientes, no se le comunicó a mi mamá. Ella continúa en su casa, su espacio, su recámara. El único cambio es que ya no es de su propiedad. Y esto se logró porque esa casa mi madre la había puesto a nombre de sus hijas Gaby y Eva.

Cuando se acercaba el momento de irnos de ahí, sabía que se acababan esos días de enfrentamientos, peleas y humillaciones. Mi madre había llegado al punto de empezar a perder el uso pleno de sus facultades mentales. Sufría un desequilibrio mental y demencia senil, por lo que necesitaba apoyo en su día a día.

Después de varias sesiones, malentendidos y opiniones diferentes, los hermanos (Gaby, Lalo, Eva y yo) acordamos que se haría una repartición económica equitativa e igualitaria en cinco partes, (incluyendo a mi madre), producto de la venta de la casa, a manera de dar una herencia en vida. Lo maravilloso de esto es que nosotros, como hermanos, nos pusimos de acuerdo y decidimos cambiar esta tara que lleva generaciones en nuestra familia, evitando la exclusión y división entre hermanos por cuestiones de herencias y dinero.

En las siguientes semanas, me preparé para irme a vivir a San Juan del Río junto con Ignacio y Diego. Una vez establecidos, mi esposo comenzó a trabajar en Landstar, compañía de transporte, y venía a casa después de sus viajes. Cuando me fui de la escuela en la que estuve tantos años, di gracias por ese trabajo que me dejó múltiples satisfacciones laborales y espirituales, por mis amistades, por todos los padres de familia que conocí, por los niños a los que pude ayudar, por todo lo que me hizo crecer, haciéndome una mejor persona.

Empecé una nueva etapa, totalmente ilusionada. Sabía que ahora contaría con el tiempo suficiente para realizar proyectos, estudiar, dar clases, alcanzar nuevamente mi estabilidad emocional y mi paz interior, tan devastada durante el tiempo en que viví con mi madre. Y agradecí a Joss, a mi niño, porque me hizo ser una mujer valiente, siempre buscando cosas mejores en el horizonte.

***

10 de agosto de 2019

Hijo:

Ahora me encuentro ubicándome en mi nuevo espacio, en San Juan del Río, Querétaro. Han sido días de mucho trabajo y de introspección. He tenido el tiempo de tomarme las cosas con calma. Es por eso que he decidido escribirle a tu abuela Eva, a manera de despedida por los dos últimos años que vivimos en su casa. De hecho, cuando abandoné su casa, le agradecí por todo.

No obstante, tuvo que pasar mucho tiempo para escribirle esa carta: antes debía asimilar todo lo vivido para que mi corazón y mi sentir estuvieran calmados y reconfortados. Cuando perdoné y me perdoné por todo lo ocurrido con mi madre, pude escribirle.

A continuación, la carta a mi madre:

A ti, mamá, deseo decirte que te agradezco por haberme dado la vida. Hoy puedo vivir feliz y en paz contigo. Nuestra relación como madre e hija no ha sido la que yo habría querido; sin embargo, cada día me propuse ser una buena hija y olvidar lo que el día anterior había vivido contigo.

Tus prejuicios, acciones, creencias, sentimientos e ideas de lo que es la vida nunca los he comprendido, y ahora entiendo que no es necesario que lo haga. En lo profundo de mi ser, sufrí mucho como hija.

Eso ya lo he dejado atrás, porque me he perdonado y te he perdonado. Hoy lo único que siento hacia ti es agradecimiento por haber sido una mamá proveedora, trabajadora y haber hecho lo que creías adecuado como madre.

Gracias por enseñarme a hacer lo correcto: tu dureza con la que dirigiste tu vida y la de toda la familia y las cosas que hiciste y dejaste de hacer me dieron la pauta, me enseñaron el camino y la luz para hacerlo de manera distinta.

Podría parecer absurdo agradecer a alguien que te ha hecho tanto daño; sin embargo, esas heridas me han forjado y me convirtieron en la mujer que soy hoy. Mamá, hoy puedo verte con amor, ternura, compasión, bondad y gratitud.

Joss, me siento liberada de haberle escrito esto a tu abuela. Estoy comenzando una etapa nueva en mi vida, una de las mejores, creo yo.

Mi niño, permaneces en mi corazón. Te ama tu mamá.

***

Pasaron los años y me establecí con Ignacio en la casa de San Juan. Recapitulando lo que he escrito durante la última década, ahora me encuentro finalmente viviendo en plenitud. Ya no trabajo y eso me ha dado una libertad y paz profunda: poder hacer cualquier trámite en las horas adecuadas es extraordinario. Hago lo que me gusta y deseo, estoy recuperándome de años de trabajo y de levantarme tan temprano durante décadas. No dejo de agradecer por todas las bendiciones que he recibido últimamente.

Estoy cursando un diplomado de Repostería: ya horneo a la perfección galletas deliciosas, *pays* y tartas de fruta, algo que no había tenido la oportunidad de aprender y elaborar en mis años de trabajo.

Ani y Diego viven cada uno en su espacio y su ciudad. En noviembre pasado, Diego se fue a vivir a La Paz, Baja California Sur, tal y como había planeado. Ignacio empezó a trabajar de manera sorprendente: hasta ahora ha sido el mejor trabajo que ha tenido en su vida. Estamos adaptándonos a la nueva vida. Hemos pasado el Día de Muertos, la Navidad y Año Nuevo en nuestra casa y lo hemos disfrutado al máximo.

Posteriormente, vino la pandemia y el mundo entero pasó por la grave enfermedad del Covid 19. Murió mucha gente, principalmente adultos mayores y quienes sufrían alguna condición previa que compromete aún más su salud. El personal médico se empezó a contagiar también. De pronto, el mundo entero se llenó de más y más gente viviendo un duelo. Muchas personas perdieron a sus madres, a sus padres, e incluso algunos a ambos. La gente se llenó de preguntas, dudas, miedos. Los hospitales se saturaron, no había medicamentos suficientes ni personal para atender a tantos enfermos. Las agencias funerarias no se daban abasto. Los cadáveres esperaban apilados para ser cremados. Muchos no podían despedirse de sus seres queridos y no se velaba a los cuerpos. De pronto, todo el planeta se llenó de sufrimiento. Me di cuenta de que el mensaje de *El poder del duelo* era cada vez más necesario.

Escribí a Joss en diciembre de 2020 algo que en ese momento amenazaba a la población entera, pero que, después, en nuestra inconsciencia, tendemos a olvidar: «Los restaurantes, centros comerciales, cines, estéticas, casinos, hoteles, centros de espectáculos, teatros, bancos, escuelas, líneas aéreas y el turismo han parado sus labores;

nadie viaja en este momento. No hay fecha para que puedan reiniciar sus actividades. Muchas fronteras en el mundo se han cerrado, nadie entra ni sale de sus países. El mundo entero utiliza mascarillas para poder salir de casa; algunas personas usan caretas y el gel sanitizante se ha convertido en producto de primera necesidad. Las farmacias, hospitales y supermercados son los únicos establecimientos que se mantienen abiertos. Todas las oficinas de Gobierno han cerrado sus puertas. La humanidad estudia y trabaja desde su casa. La gente está sufriendo, porque no tiene ingresos. Así nos pasa a nosotros. La economía mundial se ha paralizado. Ver las noticias es preocupante, no damos crédito a todo lo que vemos. En una palabra: todo es alarmante. Sólo espero que no nos contagiemos de esta enfermedad en la familia. Sé que parece que te estoy narrando una película de ficción, pero desgraciadamente es la realidad que estamos viviendo a nivel mundial».

Le escribí también: «Los grandes laboratorios y países de primer mundo están trabajando a marchas forzadas para obtener la vacuna contra este padecimiento». Algo que también se suele olvidar y pasar de largo, dado que ya se contuvo la pandemia, es esa gran hazaña que significó para la humanidad el haber contado con las vacunas en el tiempo récord de menos de un año, siendo que esos protocolos suelen tardar mínimo ocho años o una década. Eso salvó millones de vidas en todo el mundo, pese a que la distribución de las vacunas no fue la óptima, pero se pudo salir de la fase más peligrosa y, con ello, también la economía se empezó a recuperar.

Para marzo de 2021, escribí a Joss, en medio de una de las oleadas pandémicas que aún nos atacaban, sobre una recaída que tuve. Le escribí que para esas alturas: «Pensaba que ya había superado por completo mi duelo, que ya nada me haría llorar ni flaquear, pero que había aprendido que estaba bien volver a sentir. Es darme la oportunidad de experimentar nuevamente tristeza, agradecimiento, reconocimiento. Esta vez, mi recaída, por llamarle de alguna manera, me hizo sentir feliz, agradecida y en paz».

Por esas fechas llegó Ani a visitarme por unos días y tomamos un taller referente al duelo y a la muerte. Nos pidieron varias cosas: estar en un lugar tranquilo, un espejo, una vela blanca, hojas y pluma para escribir. Comencé muy bien, realicé una meditación guiada y hubo un momento en que narraron cuentos infantiles que tratan el duelo. En uno de ellos, utilizaron una canción como fondo musical, de un grupo español, que habla acerca de los sueños.

Estaba tan concentrada escuchando los cuentos que, de repente, en uno de ellos, no pude más y me solté a llorar. El cuento habla de un ratón y una oruga, y me sentí muy identificada con el relato y con mi Joss. Fue tan purificador que volví a ser una niña al escucharlo. Lloré como tal, como una pequeña, con un llanto tan sentido que, al poco tiempo, me quedé profundamente dormida. Y la mejor parte fue el sueño que tuve.

A la mañana siguiente, desperté extasiada por ese sueño. Mi hijo y yo estábamos en lo que parecía una feria y yo iba tan guapa que me lo hacía saber. Me sentía plena, iba caminando y lo cargaba en mis brazos, pues era Joss de pequeño. Escuchaba en mi sueño, como música de fondo, la misma canción del grupo español. Habla de un ser querido que ha muerto y que hace una visita onírica. Sueños como ese me hacen sentir nuevamente las emociones de dolor, alegría, tristeza. Sé que está perfecto que sienta todo eso y que también me ayuda a sanar. Experimenté el sueño con total agradecimiento; me sentí en paz y con profunda alegría.

***

10 de junio de 2021

Hola, mi niño:

Ya han pasado diez años de tu partida, 3,650 días contigo y sin ti. Recordé este día que en cada aniversario de tu muerte he despertado sin motivo alguno a las 6:15 de la mañana, hora en que falleciste, e inmediatamente percibo y huelo tu aroma y el humo de cigarro que impregna mi recámara, dado que tú fumabas. No encuentro explicación para esto. Me quedo con la idea de que eres tú quien me despierta y visita. Es algo lindo que he sentido cada cinco de junio durante los últimos diez años.

Para celebrar estos diez años de tu partida, hemos realizado Ani, tu papá y yo un bello y merecido viaje a La Paz, Baja California, para conmemorar lo que fuiste en vida, para recordarte. Aprovechamos para visitar a tu hermano Diego, conocer con quién vive y saber dónde está su casa. Todos han sido muy amables y cálidos con nosotros. Hemos pasado ocho días en diferentes playas, y nos acompañaron amigos de Diego. Paseamos por el malecón, tuvimos una velada nocturna con fogata en la playa para ver la multitud de estrellas que se pueden observar ahí. Diego ha sido un paciente y amigable guía en todos los lugares: la playa Balandra, El Saltito, el cerro de la Calavera, etcétera. En la comida que hicimos para celebrar los diez años de tu partida, nos acompañaron mi hermano Lalo y su pareja, quienes viven también en La Paz. Disfrutamos en familia este memorable viaje.

Por siempre estarás en mi corazón.

***

27 de junio de 2021

Querido Joss:

Quiero decirte que ahora estoy mejor que nunca. Hoy por fin comienzo a escribir de manera oficial mi libro de duelo, la historia de mi duelo que por diez años he postergado y tratado de escribir. Tengo varias ideas de cómo se titulará, qué portada será la adecuada, a quiénes pediré testimonio de sus vivencias como madres en duelo, la ilustración, la editorial... Son muchos factores que debo tener en cuenta. Pido a Dios fortaleza, claridad de pensamiento, entendimiento, mucha inspiración y serenidad para poder transmitir mis vivencias de duelo de la mejor manera posible. Estoy emocionada de comenzar con este gran sueño.

He aprendido que el gran dolor que sentí por tu muerte, tarde o temprano, acabaría transformándose en un sentimiento de profunda gratitud por el tiempo que compartimos juntos como madre e hijo. He entendido que todo pasa y que nada es para siempre. Continuaré aquí, en la vida, y en tu honor seguiré haciendo cosas bellas y viviendo la cotidianidad, disfrutando de las personas y momentos felices que encuentre, hasta que un día nos volvamos a encontrar.

Hijo: gracias por todo, aquí, ahora y siempre.

Te ama eternamente tu mamá Ana.

Apéndices

Cartas y mensajes de la familia y amigos

Tres meses después de la muerte de Joss, estando en terapia psicológica, me dejaron de tarea que le hiciera llegar la carta que le escribí. Me dijeron que debía ser original en el envío. En ese momento, estando con el psicólogo, pensé: «¿Cómo me pide hacerle llegar la carta? ¿Cómo le va a llegar? ¿Quién está más loco?, ¿mi psicólogo o yo? Sin embargo, el haberla escrito y el haberla *enviado* me dejó una de las sensaciones y recuerdos más hermosos y memorables de mi vida. Ahora guardo y atesoro este recuerdo en mi corazón. Una gran enseñanza de vida.

Esta es la carta que le escribí a Joss a los tres meses de su muerte:

Primera carta a mi querido hijo Joss

7 de septiembre de 2011

Mi querido hijo:

Hoy te escribo esta carta, aunque estoy en blanco, no sé qué decirte, estoy triste, melancólica, enojada, cansada de tanto trabajo que no me ha permitido estar tranquila y que me hace sentirme abrumada. El 30 de agosto te recordé mucho, habrías cumplido 22 años. Fue doloroso recordarte, vivir ese día sin ti.

Hicimos tu exposición de fotografías. Se vendieron muchas y tuvimos varios encargos: fue todo un éxito. Con este evento, creo que te despediste de todos los que te quisieron y recuerdan con cariño.

Ya han pasado tres meses desde que te fuiste.

Te extraño demasiado... te veo en fotos y en tu video póstumo, y todavía no creo que ya no estés aquí.

Yo no tengo idea de dónde estás, la gente me dice que estás con Dios, pero en estos momentos no sé si creer en Dios; estoy enojada con él.

Sé que quizá estés mejor que aquí en la Tierra, deseo que lo estés. La muerte es un misterio para mí en estos momentos.

Creo en la energía, el alma, o no sé cómo llamarle; quizá espíritu.

En la casa siento que estás, te siento cerca de mí, en mi corazón.

Quiero que tú estés y te sientas bien, que no se te olvide que siempre, en donde te encuentres y como te encuentres, te puedas sentir acompañado por tu madre, que percibas que fuiste un hijo muy amado y que estoy muy orgullosa de ti y de lo que lograste en vida. Dejas todas esas fotografías como un recuerdo de cómo disfrutaste cada momento.

Sobre cómo envié la carta a Joss

Asimismo, le escribí a Joss todo lo que hice para hacerle llegar esta carta:

Querido Joss:

Estuve pensando varios días cómo hacerte llegar la carta y, después de pensar en varias posibilidades, me decidí por ir a Tepoztlán, Morelos, subir el Tepozteco y, desde ahí, lanzarte en globo la carta, ya que fue ese uno de los últimos lugares que visitaste antes de morir. Recuerdo que regresaste muy contento, pues habías ido con Laura.

Así que fui a Tepoztlán. Le pedí a Diego que me acompañara, pues tu papá se encontraba de viaje. Tu hermano accedió con mucho cariño y disposición. Tu tía Eva me prestó su coche, que estaba en mejores condiciones que el mío.

Tomamos camino de carretera hacia Tepoztlán, llevando la carta y mi globo en forma de corazón, el 2 de octubre de 2011. Llegando, nos alistamos para empezar a subir el Tepozteco. Diego tomó su ritmo y se alejó de mí rápidamente. Yo iba poco a poco, sorteando escalones, gente y rocas, con mi globo en la mano. No había pensado que me fuera a costar tanto trabajo subir.

Cuando sentía que no podía más, descansaba. Me recuperaba un poco y continuaba. Casi me doy por vencida. No obstante, llegué a la cima, a la pirámide que se encuentra en ella.

Y, desde la pirámide, me preparé para leerte la carta. Escogí un lugar sin mucha gente, aunque era imposible, así que me coloqué en una orilla y me dispuse a leer tu carta antes de lanzar el globo con ella.

Empecé a leer, lloré, lloré y te recordé. Te leí la carta con mucho amor, en voz alta. La doblé y la amarré al globo; era una hoja tamaño carta, así que no pesaba nada. La lancé una vez, dos veces, tres veces... pero no volaba. El globo se caía entre la multitud, con la carta amarrada, y la gente empezaba a tocarlo. Lo aventaban lentamente sin saber de quién era ese globo. Yo corrí a rescatarlo.

Decidí entonces bajar al pueblo, comprar otro globo y desde ahí abajo lanzar nuevamente la carta, ya con dos globos. Ahora tenía que bajar el Tepozteco: ahí estaba yo, bajando lentamente, porque bajar también es muy difícil: las piernas me temblaban.

Ya abajo, en el pueblo, Diego y yo buscamos un globero por más de media hora. A lo lejos, observé globos, Diego fue corriendo a comprarte uno, porque yo ya no podía más. Compró un globo con la cara del Hombre Araña.

Ya tenía dos globos para lanzarte la carta, los amarré y... una vez más, no volaron. No sé qué pasaba. Era una carta de una simple hoja de papel, no podía pesar tanto. Pero no volaban los globos.

Ya estaba atardeciendo y estábamos cansados. Decidí regresar a la Ciudad de México. Pensé en comprar más globos en la calle de Universidad, en donde siempre venden globos grandes y de todos tamaños, para lanzarlos desde el puente de Churubusco, enfrente de la casa donde habíamos vivido.

Regresamos a la ciudad, fuimos a Universidad a comprar más globos. Estando ya en la casa, amarré cinco globos a tu carta, salí de la casa y me fui al puente peatonal de Churubusco. Diego no me acompañó, se quedó en la casa para descansar.

Subí el puente peatonal y, en medio del mismo, justo en medio del puente, me detuve. Volví a llorar, recordé lo que había pasado durante el día; ya estaba muy cansada y finalmente me decidí a soltar los globos, lanzar por fin la carta amarrada a cinco globos. Te dije: «Hasta pronto, hijito, te quiero mucho». Y solté los globos. De repente, en un instante sopló el viento muy fuerte, como remolinos que hicieron girar y girar a los cinco globos junto con la carta... y vi cómo se fueron a atorar en el único árbol cercano que se encontraba en el lugar.

Ahí se quedaron, atorados junto con la carta. Me decepcioné mucho. Dije: no puede ser, después de tanto esfuerzo que he puesto, la estrategia de vuelo que he planeado, los globos que compramos, que subimos el Tepozteco... ¿por qué no vuelan los globos, y se atoran y no te llega la carta hasta el cielo?

Reí y lloré. Lloré y reí. Me reí de mí misma y me dije: «Sólo a mí me pasa esto».

Bajé del puente peatonal muy triste, pero a la vez satisfecha de haberme esforzado tanto en enviar la carta. Volteaba a ver el árbol con los globos atorados; seguí riendo y llorando.

Me fui lentamente caminando hacia la casa. Me dije que algo positivo debería encontrar en esta situación. Tenía que pensar en ese momento positivamente... y con lo que me quedé es con lo siguiente: me esforcé en ir a Tepoztlán, en subir el Tepozteco en hora y media de caminata, en llegar a la pirámide y, desde ahí, en leer la carta. Yo creo que ahí me escuchaste lo que tenía que decir. Luego, fui a comprar más globos y finalmente los vi ahí, atorados en el árbol que está enfrente de la casa, sobre Río Churubusco. Eso lo traduzco como que tú, mi querido Joss, estás cerca de mí, en mi corazón, por siempre. Que te mantienes muy cerca de nosotros, de mí. Que no es necesario ir lejos o estar en otro lugar para sentirte conmigo. Ahora, cada vez que paso por Río Churubusco, que es a diario, veo los globos atorados en el árbol y siento una gran satisfacción, siento alegría al saber que estás cerca de mí en espíritu y sonrío gratamente.

Les conté a mis compañeras de trabajo esta experiencia y ahora ellas, cuando pasan por Río Churubusco, siempre me dicen: «¡Vi los globos, ahí está Joss, ahí está el amor de tu hijo!».

PD: Los globos permanecieron ahí durante más de ocho años. El árbol en el que se atoraron era muy alto y no lo podían podar, la avenida en donde se encontraban era una vía rápida y muy transitada de la ciudad. Estuvieron ahí todo ese tiempo, hasta que un día ya no los vi, ya que recientemente nos habíamos mudado a vivir al Ajusco.

Carta de Ignacio para Joss

Ignacio no podía escribirle a nuestro hijo. Su dolor era más fuerte qué él, no tenía la fuerza y valentía de enfrentar su gran pesar, de expresarle algo a su hijo por medio de unas líneas escritas. Así que me ofrecí a tomar dictado de las palabras que expuso, entre sollozos:

Joss:

Espero que estés bien en dónde estés, que encuentres paz. Estoy tratando de asimilar que ya no estás aquí; es mucho el dolor que siento y espero poder soportarlo. Fuiste para mí un gran hijo, espero no haberte defraudado como padre. No sé qué más decirte. Si puedes bendecirnos desde donde estés, hazlo, porque nos hace mucha falta.

Cuida a tus hermanos, cuídate.

Te amo, hijo, que Dios te bendiga; descansa, *mijo*, descansa.

Tu papá.

Carta de Ani para su hermano Joss

José:

Quiero agradecerte por el tiempo que compartimos juntos, las experiencias y momentos que dejaste en mí.

Admiro tu sentido del humor, paciencia y objetividad con que viste las cosas.

Gracias por haber formado parte tan importante de mi vida, aprendí de ti muchas cosas, aun siendo yo la mayor.

Pasamos partes difíciles, peleas, pero de alguna manera nos llevaron a apreciarnos y convivir de diferente manera cada vez.

Marcaste mi vida en muchos sentidos y lo seguirás haciendo. Siempre te voy a extrañar y siempre serás mi «Pepi», mi querido hermano.

Espero que estés lleno de paz, luz y amor.

Siempre cuídanos, siempre estás con nosotros.

¡Coincidamos en otra vida!

Tu hermana Ana.

Te amo.

Carta de Diego para su hermano Joss

Casi, Josefo:

Creo que nunca te había escrito una carta, pero esta vez nos la dejaron hacer de tarea; a lo mejor te escribo más seguido. Pero tú y yo sabemos que platico contigo.

Te quería decir, una vez más, que ya descanses, que no te preocupes por nosotros; sólo cuídanos cuando haga falta.

Gracias a ti soy como soy, eras mi ejemplo a seguir, admiraba tus ideas, ocurrencias, acciones, gustos... Siempre estabas de buen humor, molestándonos, haciendo y diciendo tonterías.

Sé que todavía estás haciendo cosas por mí, como la UNAM y mi amiga Andrea: tener algo para estar feliz.

Estuvo padre la visita que te hice en el Ajusco el día que habrías cumplido un año más, el estar contigo, solos, platicándote, tomando fotos, una cerveza y haciendo moto que es lo que nos gustaba hacer.

A diario me acuerdo de ti, traigo tus medallas, tu ropa que era de los dos... Uso bastante tu cámara, la moto y tu computadora. Le regalé a Ana un reloj negro como el tuyo, porque ya se tituló y quise que ella te recuerde y sepa que estás junto a ella.

Salúdame a mis primos Andrea y Carlos, diles que los quiero mucho.

He tratado de cambiar, de no estar de mal humor y de disfrutar más; creo que lo he conseguido. Hacer lo que me gusta, aunque pierda tiempo, pero estar seguro y disfrutarlo, disfrutar el momento, aunque no sea mi ambiente.

Me haré un tatuaje en la espalda en tu honor, con una cámara fotográfica clásica y tu nombre con letras pequeñas... ¡quieran o no mis papás!

Laura ha estado viniendo y visitando, es buena mujer. Y tú, de perro flaco en las fiestas... la querías.

Ya por último: gracias por todo lo que me enseñaste y me sigues enseñando; siempre te amaré y recordaré feliz, disfrutaré de lo que venga.

Gracias, Casillitas o Simio.

Tu hermano Diego.

Carta para mi sobrina Andreita

17 de noviembre de 2011

Mi querida Andreita:

Me llena de ternura escribirte esta carta y siento muchas emociones encontradas al hacerlo.

Tu partida ha sido brutal, inesperada, triste, desconcertante... Pese a todo, me ha dejado la clara enseñanza de que la vida puede ser muy corta, que hay que aprovechar todas las oportunidades que se nos presenten, disfrutar de las cosas que nos gustan. Me ha dejado la enseñanza de que debemos dar lo mejor de nosotros a todos... y a nosotros mismos.

Te fuiste acompañada de tu hermano y tu primo. Al principio, no comprendía por qué pasó esto. Ahora que he tenido tiempo de analizar y hacer conclusiones, lo único que he resuelto es que ustedes cumplieron todo para lo que habían nacido, así de rápido, así de fugaz. Así debía ser y así fue.

Sé que viviste intensamente y que te esforzaste por cumplir con tus metas en la universidad: te dedicaste a tu pasión por la medicina. Te felicito, lo hiciste muy bien. Tengo en mis pensamientos y en mis recuerdos que tuviste una buena actitud, eras cariñosa conmigo, lo mismo sentía yo cuando nos veíamos. Era grato verte y lo hacía con ternura y protección.

Ahora que he visto fotografías familiares, tengo gratos recuerdos de todas las fiestas y reuniones. La pasábamos muy bien, los viajes que hicimos, las partidas de dominó, que, aunque no ibas mucho, recuerdo claramente la última, cuando te sentaste junto a mí y yo te iba enseñando cómo jugar.

Con todos esos bellos momentos me quedo y te recuerdo por siempre, hasta que nos volvamos a encontrar. Donde estés, recibe mis recuerdos, mi cariño, todo lo que una madre puede desear para una hija.

Gracias por ser mi sobrina, mi querida Andreita. Te recordaré siempre, permaneces en mi corazón como «La chaparrura del amor», como te decía el tío Manuel.

Cariñosamente, tu tía Ani.

Carta para mi sobrino Carlos, «Carlin»

17 de noviembre de 2011

Carlin:

Ahora que empiezo a escribirte, escucho tu voz que me dice: «Ya ni modo, así tenía que ser y está bien para todos; después de un tiempo, todo va a estar mejor, hasta la abuela va a estar mejor».

La verdad, no sé si esto nos lo mandas decir a todos o si sólo yo lo escribí, pero en cuanto empecé a escribirte es lo que sentí. Así eras de franco, sensato y sencillo.

No olvido la *gran fiesta* que hiciste en casa de tu abuela Eva y la comparo con el *gran funeral* que tuvieron Andrea, Joss y tú en la misma casa. ¡Cuántos familiares y amigos se reunieron ahí! Sé que lo disfrutaste y que lo disfrutamos, aunque de otra manera. Supimos hasta ese momento cuánta gente y amigos los querían: cientos de jóvenes, literalmente, se dieron cita. Fue un *megafuneral* y nosotros nos sentimos muy orgullosos de ustedes, al saber que todo ese amor y amistad lo sembraron y ahora estaban en la cosecha.

Ahora te deseo que, donde te encuentres, seas un espíritu de luz, fuerza, guía y amor. Gracias por compartir tus últimos días con mi querido Joss, él te quería bien.

Es difícil continuar para los que nos quedamos aquí: extrañamos tu alegría, tu fiesta, tus triunfos... Pero así tuvo que ser, como ya lo dijiste al principio de la carta.

Tu muerte, la de tu hermana y la de Joss las veo como lo peor que nos pudo haber sucedido; sin embargo, lo veo también como lo mejor que nos ha pasado, porque de esta experiencia tan dolorosa hemos sacado lo relevante para crecer como personas, cada uno a su manera, a nuestros propios tiempos y ritmos. Son los tremendos golpes de la vida los que nos hacen crecer.

Te felicito por tu trayectoria de vida, por tus triunfos y aciertos en Cancerología como futuro biólogo, por todas tus amistades, por ser el inigualable «Carlín, Cha, Cotonete», como te apodaban cariñosamente.

Te recordaré por siempre, tu tía Ani.

Segunda Carta para mi querido Joss

12 de junio de 2012

Hijito, en nuestra última terapia psicológica me dejaron de tarea escribirte una segunda carta y también una carta para mí, para Ana. Así que aquí te escribo tu segunda carta:

Ha pasado un largo año para mí, he vivido nuevas etapas en mi vida, he cambiado una inmensidad a partir de tu muerte. Te sigo amando, extrañando y recordando. Este año, que ha pasado muy rápido, pero, al mismo tiempo, siento que el día a día pasa muy lento, muy difícil, ha traído a mi vida muchos momentos de angustia, dolor, tristeza, depresión, alegrías, risas, satisfacciones, esfuerzos, valor, actitud, confianza, esperanza, autoconocimiento, aceptación, enojos... Podría seguir diciendo todo lo que he sentido y vivido este último año sin terminar de escribir.

Con lo que me quedo es que al día de hoy he aprendido a vivir mejor, a disfrutar los momentos con las personas que amo y me aman. Ahora me preocupo menos por lo que no vale la pena, y en lo que vale la pena pongo más intención, actitud positiva y agradecimiento.

Gracias por permitirme haber sido tu mamá, haberte cuidado y amado. Haber disfrutado de tu compañía y también de nuestras peleas y diferencias. Haber disfrutado tus logros y alegrías. ¡Por todo lo que me enseñaste! Con tu partida, me sigues enseñando a ser mejor persona, mejor ser humano.

Te prometo que seguiré adelante con lo mejor de mí; me esforzaré con amor, voluntad, fortaleza, humildad, gratitud y coraje para que, desde donde te encuentres, estés orgulloso de tu mamá.

Habitas en mí eternamente.

Mensajes póstumos para Joss

Mensaje póstumo de la Profesora de la Universidad Panamericana, donde Joss estudiaba Gastronomía, Dra. Deni Nava Arenas

José:

En este año has dejado una huella imborrable en todos nosotros; pocas veces en la vida de un profesor se presentan alumnos que jamás se olvidan. Tú fuiste uno de ellos; no el más aplicado, ni más callado, sólo fuiste tú con tu gran carisma.

No tengo tu examen, pero, como me lo pediste, te lo escribo aquí:

EXENTO
¡FELICIDADES!

Hasta siempre.

Dra. Deni Nava Arenas

Mensaje póstumo de la madre de uno de los mejores amigos de Joss

Mi niño José:

Tuve la fortuna de conocerte desde pequeño y que compartieras con nosotros muchas etapas de tu vida. Así, conocimos tus inquietudes, tus anhelos, tus amores y el amor a tu familia. Poco a poco, los hicimos nuestros también y pasaste a ser como otro hijo, junto con José Adolfo, Ana y Diego.

Siempre tan amoroso y correcto... Tan solidario ante cualquier circunstancia. A pesar de que físicamente no estés con nosotros, siempre estás y estarás en nuestro corazón.

Te quiero mucho, Mercedes.

Primera carta de Ana mamá para Ana mamá

12 junio 2012

Ahora tengo de tarea en la terapia escribirme una carta. Nunca me he escrito una y no quiero sonar mentirosa: prometo ser lo más honesta conmigo.

¡Hola, Ana! Te escribo esta carta para decirte lo que pienso de ti.

Comenzaré por decirte que tienes errores y cualidades, que a veces piensas unas cosas y haces otras, no eres congruente. Tienes rencores, juzgas, te equivocas.

Quiero decirte que estás aprendiendo a vivir, aprendiendo a vivir feliz, a pesar de tus circunstancias de dolor. Te has esforzado mucho, con empeño y ganas de estar bien. Te falta afinar algunas cosas, ser decidida, pero yo creo que vas bien.

Estoy orgullosa de tu paciencia, humildad, tolerancia, de tu trabajo, de tu cariño hacia los demás, de la fortaleza que has demostrado y que, quizás, no te das cuenta de que la tienes. Eres quizá ejemplo para muchas personas.

Te reconozco que has cambiado para bien en todos los aspectos de tu vida: emocional, espiritual y social. Te pido que sigas adelante: continúa siendo buena madre, esposa y ser humano.

Comprométete con tus sueños y hazlos realidad, esfuérzate por alcanzarlos. Cuida tu salud física, mental, espiritual y emocional. Sé que a veces no tienes ganas de nada, pero también sé que puedes levantarte y le pones intención a lo que te propones. Por ahora ya tienes muchas cosas en qué pensar y trabajar; con la partida de José la vida te cambió y ese es el regalo que tu querido hijo te obsequió.

No abandones el camino que has seguido este año de duelo, te deseo que puedas vivir plenamente con las personas que te quieren.

Gracias por todo, con cariño Ana.

Segunda carta de Ana mamá para Ana mamá

4 de abril de 2022

Hola, querida Ana:

Te escribo esta carta diez años después de la partida de José. Diez años que han pasado con altibajos en tu vida, diez años en los que has luchado por seguir adelante, con todas las adversidades y cambios en tu vida. Ahora eres más fuerte, eres más sensible y empática con las situaciones; tienes mayor sabiduría. Sé que te disgustan las injusticias y las suposiciones que hacen las personas sobre ti.

Ahora estás viviendo la sexta década de tu vida, pronto llegará tu jubilación, algunas dolencias han aparecido, sé que analizas las circunstancias y haces un esfuerzo para solucionar adecuadamente los problemas del día a día.

Extrañas a tus hijos Diego y Ani, ahora que vives en San Juan del Río junto con Ignacio, tu esposo. Ha sido un cambio para bien tuyo, poco a poco te has acoplado a la vida en provincia. Ya no trabajas y eso te ha permitido dedicarte a ti y a lo que te gusta hacer. Estás aprendiendo a cuidarte, quererte y valorarte, ahora hasta tienes la voluntad y el tiempo de hacer ejercicio, de aprender nuevas disciplinas como la natación: ¡bien hecho! Te felicito, porque decidiste dejar de fumar hace más de dos años y eso te ha beneficiado en muchos sentidos, sé lo difícil que ha sido para ti dejar esa adicción.

Lamentablemente, se ha atravesado la pandemia de Covid 19, has vivido esta terrible situación que aqueja a la humanidad en todo el mundo, te has cuidado y realizas lo que está a tu alcance.

Veo que te sientes muy a gusto en tu casa, disfrutas estar ahí, la cuidas con esmero; tus plantas y cactus están hermosos, cualquier rincón de tu casa tiene tu sello, tu personalidad, tu amor.

Estoy orgullosa de ti, ya que por fin has decidido escribir tu libro, tu historia de duelo. Lo que en un principio fue catártico, ahora te ha llenado de amor y fortaleza en todas las líneas que escribes. Sé que, a veces, no es fácil para ti transmitir estos sentimientos de la manera adecuada y también te quiebras. En algún momento, me dijiste que esto es para valientes que van de la mano de Dios.

Deseo que sigas adelante con este hermoso proyecto. Cree en ti por favor, continúa hasta el fin, publica tu libro.

Estoy orgullosa de la mejoría en tu matrimonio, creo que ahora es cuando han alcanzado Ignacio y tú una mayor madurez en su relación. Han prevalecido el amor y las ganas de estar juntos. El perdón, la confianza y el amor han representado un papel fundamental en su relación. La reconstrucción de tu matrimonio ha sido admirable en todos los sentidos.

No olvides agradecer a diario por lo que tienes y eres, agradece todas las cosas simples de la vida. Conozco de tus propósitos y sueños por cumplir: cúmplelos, por más lejanos que los veas. Nunca dejes que nada ni nadie los destruya.

Aprende cosas nuevas que te cultiven. Ve paso a paso, camina con la certeza de que lo estás haciendo bien. Practica los valores para que los hagas virtudes en ti. Camina de la mano de Dios.

Te quiero decir que reconozco que estás en completa y profunda paz: se te nota.

Ani, me despido de ti, no sin antes decirte que te quiero mucho y que estoy orgullosa de ver la mujer en la que te has convertido.

Te quiere siempre: Ani Márquez

Plática *madres en duelo*

A continuación, narro algunos fragmentos de la plática que he ofrecido durante varios años en diferentes lugares y a muchas personas, dejando en mí una grata experiencia de vida y un enorme crecimiento personal.

Con profundo agradecimiento, me encuentro hoy ante ustedes para platicarles cómo he vivido mi duelo durante este tiempo. Lo hago como una simple madre que espera transmitir un mensaje positivo. ¡Se vale llorar!

Comienzo con la transmisión en pantalla de una serie de imágenes muy emotivas y reales, donde expreso lo siguiente:

- La vida me ha puesto retos difíciles de superar.
- Me daré tiempo para levantarme; sé que en una tumba no te encuentras, ahí no estás. Te encuentras en mis pensamientos y en mi corazón a donde quiera que vaya, todos los días de mi vida.
- Continuaré esforzándome para estar mejor en la vida, sea cual sea mi circunstancia. Me esforzaré por hacer las cosas bien; seré mi mejor ejemplo de vida.
- Lucharé por ser paciente, prudente, tolerante, expresaré gratitud y solidaridad.
- Es difícil perdonar, pero es más difícil vivir sin hacerlo. El perdón ha sido para mí la liberación de mi mente, de mi conciencia y de mi corazón. Al perdonar, obtuve una profunda paz interior; es el mejor regalo que me he hecho.
- Regalaré motivos de alegría donde haya tristeza.
- Continuaré disfrutando como una niña de las personas y los momentos felices que encuentre.
- Será inevitable sentirme triste entre la multitud; pediré a Dios mucha fortaleza para continuar de su mano.
- Celebraré la vida, seguiré dando amor y compañía.

- Me sobresaltarán mis pensamientos, tus recuerdos, tu aroma, tus vivencias... Son momentos difíciles, pero a la vez tan gratos, que los atesoraré en mi corazón por siempre.
- Sé que en todo el mundo hay alegrías y tristezas, la vida es así: hay lágrimas y hay gozo.
- El reto será observar y sentir la alegría y risas más a menudo. La alegría dependerá de mi actitud.
- Cuando veas que ya no puedo, que ya no sigo... Acércate y dame un abrazo, llámame: no todos mis días son buenos.
- En este tiempo vivido he aprendido que Dios ha estado siempre ahí, a mi lado. Hoy tengo fe, Dios me acompaña.

Aquí termina esta reflexión con imágenes y continúo con lo siguiente.

Les platico de mi experiencia de vida:

Mi padre, mi hermano, mis sobrinos Andrea y Carlos y mi querido e inolvidable hijo Joss. Todos ellos han fallecido en un periodo de siete meses. Uno por uno, fueron muriendo, sin oportunidad de asimilar cada muerte en tan poco tiempo. No imaginaba que vendría otra pérdida, la más difícil, la más cruel, la más dolorosa para mí. Cuando pierdes a un ser querido como tus padres, tus hermanos, tus tíos cercanos y queridos, tu pareja, tus abuelos... Tu vida cambia, todo tu entorno se transforma. Cuando pierdes a un hijo (a), el camino se torna mortal. Como si lo caminaras descalza, desnuda, ciega y sorda; es la prueba de vida que no había esperado vivir jamás.

Nunca me había preparado para enfrentar esta situación tan desgarradora y las circunstancias tan terribles que invaden como consecuencia de la muerte de mi hijo.

La vida te lleva por diferentes caminos: tenemos libre albedrío para elegir... y otras veces no tienes elección. De mí depende cómo decido caminar. Cuando enfrentas tu duelo, eres valiente y te fortaleces en Dios, o en lo que tú creas como un poder supremo. Puedes empezar a andar lo que, sin lugar a dudas, será la caminata más difícil de tu vida.

Al principio de mi duelo, mis días eran de color gris. Poco a poco, me fui incorporando a la vida. Hoy día sé que he tomado el camino correcto, hoy mis pasos son firmes y constantes; no me detengo. Ahora escojo mis atajos para poder estar mejor, me alejo de lo que no me transmite paz interior. Continúo siendo más consciente de lo que es vivir en plenitud.

Les doy a conocer un poco acerca de mi hijo José. Casi, Josecito, Casillitas, Pepi, Nacolás, Josefo, Simio... Joss, como yo le decía, fue mi segundo hijo de tres. Falleció a los veintiún años de edad el día 5 de junio de 2011, junto con sus primos Andrea y Carlos y tres amigos más, en un accidente automovilístico provocado por un conductor ebrio que los impactó a exceso de velocidad (más de 150 kilómetros por hora).

Joss fue un excelente deportista, campeón nacional de ciclismo Down Hill durante tres años consecutivos, fotógrafo profesional y estudiante universitario de la licenciatura de Gastronomía. Único como hijo, hermano, primo, sobrino, nieto, amigo... En una palabra, como ser humano.

Durante este tiempo, he enfrentado la depresión, la soledad, el enojo, la rabia... preguntándome mil veces por qué y para qué murió mi hijo.

He pedido a Dios ayuda y fortaleza. He querido estar mejor primero yo, para poder dar lo mejor a los que me rodean. He leído varios libros acerca de la muerte, el duelo, los hijos, y de cada uno he tomado lo que comprendía y me agradaba, lo que sumara en mi vida.

Me he mudado de casa, mi dinámica familiar ha mejorado mucho, el cambio fue para bien, disfruto enormemente estar en mi nuevo espacio. Asistí a un curso de tanatología y, de manera particular, he tenido esta terapia. Acepté la ayuda psicológica que me ofrecieron a mi familia y a mí en la Procuraduría General de Justicia durante un año, con magníficos psicólogos y seres humanos. Acudí al psiquiatra y estuve medicada. Realicé con el corazón todas las tareas que me dejaron, experiencias enriquecedoras y fuertes, emocional y espiritualmente, que me hicieron crecer como madre y esposa, como ser humano.

Me ofrecieron gratuitamente ayuda de logoterapia dentro de mi trabajo, oportunidad que también acepté durante siete meses, trabajando el tema de «el perdón», que en ese caso lo enfoqué hacia mi madre.

Estudié un diplomado en Diseño Floral durante año y medio, especializándome más tarde en ramos de novia y accesorios de boda, descubriendo una de mis pasiones en la vida: las flores.

Estudié un poco de inglés. Tomé un curso de *reiki*. Necesitaba respuestas acerca de la muerte de mi hijo, quería que me explicaran un poco del tema de la muerte, porque yo no sabía nada, no entendía cómo era posible que los hijos murieran antes que los padres, por qué Dios me mandaba esto, por qué Dios no me quería.

Sentí temor por tener estos pensamientos, pero estaba enojada con Dios.

Me dispuse a escribir en mis cuadernos todos los sentimientos que sentía a flor de piel y así poder liberarme, sentirme en paz cada vez que escribía, llorar y llorar por el dolor que expresaba en esas palabras. Acudí a terapia de constelaciones familiares y también a unos talleres de «Padres en Duelo», en la PGJ.

He tenido esperanza y fe.

He sido decidida y optimista, me he levantado de las profundidades en las que estaba; he sido tenaz, constante, amorosa, paciente, tolerante, observadora, justa y humilde. He sido valiente al enfrentar y vivir mi duelo de una manera real y verdadera. Sin embargo, lo que me ha motivado es el gran amor a mi hijo fallecido y a mi familia.

Dentro de las tareas a realizar en mis diferentes terapias, están escribir cartas a mi hijo. He acudido al cementerio y, cuando lo he hecho, ha sido con gusto. He rendido homenaje póstumo a mi hijo con una exposición fotográfica, además de asistir a una conmemoración por parte del grupo de amigos ciclistas para la inauguración de una pista de ciclismo de descenso en el Ajusco con el nombre de mi hijo: José Angel.

He realizado dos epitafios de mi hijo. Organicé y realicé su álbum de fotos, desde que nació hasta sus últimos días. Realicé diversos dibujos y *collages* de cómo quiero vivir mi duelo. He trabajado intensamente la cuestión de *las fechas*, que son tan difíciles: sentirlas, afrontarlas y lograr aceptar que así será de ahora en adelante. En las fechas especiales es cuando me encuentro más vulnerable, susceptible y triste.

He resuelto diversos cuestionarios de tarea, he asistido a dos bellas despedidas para mi hijo y mis sobrinos, una budista y otra de meditación. He tenido reuniones frecuentes de fin de semana con mis hermanos y familia para jugar un placentero juego de dominó o baraja, acompañándonos, disfrutando un poco entre broma y broma, recordando a Joss y a mis sobrinos Andrea y Carlos.

He pedido permiso de un mes en mi trabajo, un receso para mí, para descansar, para replantearme y olvidar el estrés del trabajo que me atrapaba, para así recuperarme y fortalecerme.

He hecho un viaje a Perú. En un principio, me costó trabajo disfrutar sin mi hijo, pero ese viaje me dio la pauta para comenzar a disfrutar de la vida y volver a darme permiso de divertirme, con actitud positiva e intención.

¿Cómo ha sido mi recorrido en este tiempo?

Por llamarle de alguna manera, ha sido *brutal*, lo más difícil que he experimentado jamás, lo más cruel. Lo he vivido junto con mi esposo Ignacio, mi hija mayor Ani, mi hijo menor Diego, mi hermana Gaby y su esposo, con la familia y amigos.

La actividad más simple se vuelve la más difícil de realizar; por ejemplo:

- Despertar, cuando no quieres saber nada de nada, ni de nadie: sólo estar dormida para no sentir ese dolor inmenso que te mata y que piensas que te volverá loca.
- Bañarme, cuando te da lo mismo estar limpia o verte bien, ¿para qué?

- Comer. ¿Quién tiene hambre? O, por otro lado, comer compulsivamente.
- Presentarme a trabajar. ¡No por favor! Aún no estoy lista para hacer como si mi vida continúa como antes. No, todavía no estoy lista. No sé cuándo lo estaré... si acaso lo logro algún día.
- Ir al súper, de compras, al cine, o casi a cualquier parte. En donde me encuentre, no soy yo, no estoy bien.
- Dormir. Todo te cambia: tus horarios comunes se vuelven incontrolables.
- Tu vida sexual. ¿Quién piensa en eso? Mi esposo. ¿Cómo puedo disfrutar en estos momentos algo tan bello? No, no puedo. Durante varios años me costó mucho trabajo disfrutar de mi vida sexual.
- Pérdida de la salud: durante varios meses sufrí de problemas estomacales, dando como resultado la pérdida de más de diez kilos.

Ahora, mi vida ha cambiado, estoy aprendiendo a vivir con Ignacio, Ani y Diego. Sin José, ha sido difícil para todos, cada quien vive su duelo de diferente manera, con sus tiempos y necesidades personales. Mis hijos Ani y Diego han sido mi motor de arranque para seguir adelante.

Ha pasado año y medio aproximadamente desde que mi hijo trascendió a otro plano; ahora puedo ver mis días a color y he sanado paulatinamente.

Algo que deseo sugerirles es que disfruten la vida, cada día es irrepetible. Piensen antes de hablar y actuar. Cambien ustedes, antes de querer cambiar a los demás. Perdonen a quien tengan que perdonar, perdónense a ustedes mismos, no importa la circunstancia.

Pidan ayuda siempre que la necesiten y disfruten a sus hijos. Háganlos responsables de sus acciones. En los jóvenes, fomenten la cultura del conductor asignado. Díganles que no manejen si consumen alcohol; desafortunadamente, eso pasó con mi hijo, sobrinos y los amigos que los acompañaban esa noche: un conductor ebrio los impactó acabando con seis vidas de jóvenes universitarios entusiastas, soñadores, productivos... Seis vidas acabaron en un instante. Ahora esas seis vidas maravillosas brillan en otros espacios.

Cultiven los valores como el amor, la empatía, la honestidad, la honradez, la solidaridad, la confianza, la fraternidad, la igualdad, la amistad, el perdón... Transfórmelos en virtudes. Y, para finalizar, piensen en positivo y vivan cada día con amor, como si fuera el último de su vida. Es la enseñanza que me dejó mi querido hijo Joss.

Agradezco a todas las personas que han estado conmigo, que me han acompañado y ayudado en este proceso. Mi especial gratitud a mi esposo y a mis hijos, a mi familia, a mis amigos, a mis jefes, a los profesionales que han intervenido para ayudarme a llevar a cabo de la mejor manera mi duelo. A todos ellos, muchas gracias por su tiempo, paciencia, entrega y amor a su profesión.

También estoy agradecida con las autoridades del Juzgado 32 del Reclusorio Sur por su ética, profesionalismo y humanidad, expresados en el caso penal. El proceso duró nueve años y medio, condena impuesta al responsable del accidente por la muerte de seis jóvenes.

De esta manera es como transmití mis vivencias de duelo en esta plática.

Gracias a todos los que me escucharon.

Testimonios de madres en duelo

Quiero agradecer a cada una de las madres el que hayan decidido compartir, abriendo su corazón, para expresar lo que vivieron durante su duelo. Estoy segura de que se sintieron orgullosas de poder hacerlo, dándose la oportunidad de regalarnos estas líneas.

Mil gracias.

Testimonio de Carolina

Hola, soy Carolina. Tengo 55 años y es un gusto compartir mi experiencia de duelo. Me dedico a la artesanía de chaquira y piel, y soy tarotista. Actualmente vivo con mi pareja en la Ciudad de México. Hace dieciocho años, mi hija Sofía falleció, a la edad de doce años. Era una niña, preadolescente, que cursaba sexto año de primaria, que tenía amigos en la escuela y en el vecindario. Hacía pijamadas en casa, comía bien, era buena estudiante, inteligente, platicadora, creativa, altruista y respetuosa de la naturaleza. Sociable y extrovertida. No tenía temores y gozaba de buena salud física.

Sofía no mostró nada o, al menos, yo no me percaté de ningún síntoma que me alertara de sus pensamientos suicidas y de su depresión crónica. Lo ocultó bastante bien.

Sofi decidió suicidarse lanzándose del quinto piso del edificio en donde vivíamos. Alguien me avisó de lo sucedido. Yo me encontraba muy cerca de mi casa y alcancé a ver con vida a mi hija.

Sobre su cama dejó cartas de despedida a diversas personas, amigos... y a mí. Me decía que yo no tenía la culpa, que lamentaba mucho esta determinación, que ya no aguantaba el dolor en su corazón por la muerte de su padre y su abuela, en diferentes momentos, que los extrañaba demasiado.

La noticia se difundió en la prensa con mentiras, comentarios equivocados y suposiciones. Los interrogatorios policiacos fueron muy duros e intimidantes. Fue complicado en todos los sentidos.

Durante algún tiempo tuve la firme decisión de terminar con mi vida. Yo también quería morir, junto con mi hija, ir detrás de ella. La extraordinaria red de apoyo de mis hermanas, de la familia y amigos cercanos fue lo que me hizo desistir de esta idea. Me acompañaron regularmente y me mantenían ocupada durante el día. Al anochecer, cuando llegaba a casa, enfrentaba mi realidad: la ausencia y gran vacío que estaba viviendo sin mi hija.

Los primeros días no comía, dormía demasiado y, cuando despertaba, era como un zombi.

En ese momento era madre soltera; el padre de mi hija había fallecido años atrás, al igual que mi madre, y Sofi era mi única hija. Me había quedado sola, no había para qué o por quién levantarme de la cama: no tenía con quien compartir este dolor.

Me acompañaba Goliat, el perro de Sofi. El día que lo atropellaron, por un descuido mío, me hizo despertar de mi aletargamiento, de mi profunda tristeza, del egoísmo e irresponsabilidad hacia el lomito. Me había sumido en mi dolor, impidiendo ver lo que ocurría a mi alrededor. Ese evento me despertó, como si hubieran echado un balde de agua fría en mi cuerpo.

Conseguí un trabajo cercano a casa, del cual me despidieron rápidamente por llegar tarde en repetidas ocasiones y faltar varios días. Hacía el esfuerzo por estar bien, pero no podía. No estaba bien en ningún sentido. Comencé a desmantelar mi casa, me deshice de muchas cosas.

En un principio, mi enojo era evidente: tenía ansiedad y una profunda tristeza, nada reconfortaba mi alma. Lo que más lamentaba era darme cuenta del dolor que sentía mi hija, nunca me percaté de su profundo dolor.

Mi vida giraba en torno a ella y yo tendría que encontrar cómo girar sobre mi propio eje, entender cómo reestructurar mi vida. Me ofrecieron tomar terapia, pero no acepté. En ese momento, no creía que fuera algo bueno para mí, no me convencía platicar con un psicólogo o psiquiatra.

Desde niña tuve inclinación sobre los temas esotéricos y ahora, con la muerte de mi hija, sentí la necesidad de adentrarme en la cábala, numerología, aromaterapia, tarot terapéutico, ángeles, astrología, radiestesia, biodescodificación, flores de Bach... Quería encontrar respuestas y comprender lo que pasa con un suicida. Tenía tantas incógnitas por el suicidio de Sofi... ¿a dónde se había ido?

Fueron las terapias y los cursos que tomé los que me dieron las respuestas que buscaba y el comienzo de mi transitar por el duelo con aceptación. El conocimiento de estas disciplinas me ayudó. Comencé a ver la vida con otra perspectiva. Empecé el proceso de duelo, aceptando poco a poco. Tenía que encontrar un sentido a mi vida. Vivía con el lema «Sólo por hoy», que a veces me funcionaba y otras no. Escribía mis sueños, dormía hasta tarde.

Tiempo después, comencé a practicar la danza mexica o azteca, que me permitió experimentar el conocimiento ancestral y encontrar un sentido a mi vida. Obtuve autoconocimiento y mi lucha interna me permitió optar por la vida.

Las fechas especiales no las sufrí, ni siquiera estaba pendiente de ellas. No acudo al cementerio: nunca regresé. Mi hija está presente en mí.

Comprendí que todo pasa, todo es cíclico; que siempre he tenido pérdidas y que la vida es invaluable en todas sus formas. Aprendí también a darle importancia a lo que trasciende, que debe fluir la economía, aunque lo material no sea tan importante. Valoré la importancia que tienen las personas en mi vida. Descubrí lo que alegra mi corazón, busqué lo que me hiciera vibrar alto.

Aprendí a enfrentar la muerte de mi hija y a respetar la decisión que tomó. No tengo el control de todo.

Cada duelo depende de muchos factores y circunstancias. No tengo la certeza de cuántos años son los óptimos para vivir el duelo a fondo; pese a ello, estoy cierta de que debemos pasar y sentir cada etapa del duelo, no quedarnos estacionados en ninguna. Digerir y procesar, hasta llegar a la aceptación. Echar mano de la gama extensa de herramientas en cuanto a terapias que existen a nuestro alcance. Buscar apoyo en el círculo cercano de familia y amigos es algo que ayuda mucho. Trabajar y ocuparse, abrir el corazón para sentir.

Me esforcé mucho en encontrar el camino de sanación que me permitiera reestructurar mi vida. Considero que lo he logrado. No renegué nada a Dios, hoy sólo tengo agradecimiento a la vida, que me parece maravillosa. Soy alegre, puedo cantar y bailar. La naturaleza me parece la gran maestra de todo.

Reconozco que me cuesta trabajo hacer planes a corto o largo plazo, pues no tengo certeza de lo que pasará en mi vida.

Hoy me encuentro bien, tengo salud física y ganas de vivir: puedo seguir adelante. Lo he logrado, así honro la memoria y vida de mi hija. Lo que hoy le diría a ella es que vaya hacia la luz y que siga su camino, que agradezco y atesoro el tiempo que estuvimos juntas: fue maravilloso. Que me habría encantado verla crecer. Que la sigo amando y extrañando.

Testimonio de Gabriela

Soy Gaby, tengo 64 años, de profesión Química Farmacobióloga. Ahora estoy jubilada, durante muchos años me dediqué a la docencia en diferentes escuelas, colegios y universidades. Soy abuela de dos hermosos nietos: Selmita y Tobías; hijos de mi hija mayor. El cinco de junio de 2011, fallecieron mis hijos Andrea y Carlos en un accidente automovilístico, junto con mi sobrino José. Al poco tiempo, me di cuenta de que no volvería a ver a mis hijos. Saber que mis hijos ya no cumplirían años, que Andrea ya no se disfrazaría en su cumpleaños el 2 de noviembre, la Navidad sin mis hijos... todo estaba tan lleno de dolor. Viví el comienzo de un Año Nuevo sin ellos y me pregunté si tenía sentido seguir adelante.

Sin embargo, esa tristeza profunda y la pérdida que se experimenta al principio, se va convirtiendo de manera increíble, poco a poco, en la liberación del ego, de creencias, de apegos, de valores, de rutinas... inclusive, de cariños que nos atan a sufrimientos innecesarios.

A los cuatro años de la muerte de mis hijos, vendimos la casa en donde ellos habían pasado su infancia y juventud. Todos los recuerdos, cada pared, cada escalón, cada ventana... estaban impregnados de las vivencias con mis hijos. Mi esposo y yo nos mudamos a vivir al pueblo mágico de Tequisquiapan, en Querétaro.

A siete años de la ausencia de ellos, sentí más valor para enfrentar la vida, con mayor fortaleza. Me he reconstruido con paciencia. Decidí separarme del padre de mis hijos después de más de 35 años de casados; considero que es algo que tenía que resolver para poder seguir con mi sanación y reconstrucción. Actué en concordancia con mis valores, primordialmente pensando en mí, en mi bienestar.

Se ha cumplido un ciclo, que era lo que necesitaba para poder sobrevivir a la muerte de mis adorados hijos. Los llevo conmigo a cada instante y sé que, cuando aprendo, vivo, amo y resueno con el universo y con otras personas, es porque la vida de ellos está siendo honrada, y eso me explica, en parte, otra de las misiones que ellos cumplen a través de estas enseñanzas: hacen que honremos sus vidas y nos quedemos para siempre con esos aprendizajes.

No parece creíble que pueda expresar agradecimiento por la pérdida de Carlos y Andrea, y que eso hoy haga que me sienta más viva. Pero es así: mi vida tiene sentido. Ellos trascienden en la vida de los demás, porque los grandes aleccionadores son ellos. No voy a negar que duele no tenerlos, que ha sido un proceso largo de doce años y que todavía siguen, con su muerte inesperada, enseñándome a vivir.

Hago mención especial a todos los que han contribuido en este proceso que aún continúa: la familia, que es fuente inagotable de cariño y apoyo incondicional, donde cada uno, sin saberlo, aporta lo que es necesario con palabras, silencios, recuerdos, ideas, o simplemente dándome su mano.

Los amigos son las piedras que sostienen la recuperación: ese acompañamiento incondicional hace que vuelvas a tener fe en la fuerza divina que mueve tu ser.

Las actividades que recrean el ser interior; en mi caso la jardinería y composteo. Ambas han traído la explicación clara de cómo es el proceso transformador del ciclo de la vida y la muerte. Comencé a *compostear* las flores que adornaban el altar de mis hijos y entendí e integré la muerte a una vida plena.

Nuevos aprendizajes: al integrar actividades, dibujo y pintura específicamente, he conocido facetas inexploradas de mi vida. Una vez más, seguiré aprendiendo.

A doce años de la ausencia de mis hijos y de sobrevivir a la pandemia, las ideas y los sentimientos están más claros: cada uno va tomando su lugar. Algunas de las ideas son seguir aprendiendo durante toda la vida; los obstáculos sirven para encontrar nuevas formas de vivir y convertirnos en seres más plenos.

Hasta el último respiro, mis hijos Andrea y Carlos van a seguir llevándome de la mano para trascender junto con ellos en este plano. Siento que Dios nos integra a vivencias tan extremas para que, entre todos, cada uno desde su lugar, vivamos mejor cada día y, sobre todo, lo hagamos de manera más consciente.

Testimonio de Verónica

Soy Verónica, tengo 48 años, soy ingeniera en Sistemas y resido en Monterrey, Nuevo León. Les cuento mi experiencia de duelo que he titulado: *Te perdí sin tenerte.*

Una familia normal: papá, mamá, hijo. Alex, el papá, viajaba eventualmente por trabajo. Sin embargo, tratándose de la familia, siempre estaba cuando debía para los momentos especiales y las noticias importantes. Vero, la mamá, estaba embarazada por tercera vez; su primer embarazo lo había perdido. Trabajaba en casa y cuidaba a Jano, el hijo de poco más de un año.

Por primera vez a Vero le tocaba ir sola a la cita mensual de control con el ginecólogo. Alex estaba de viaje por trabajo, tenía su regreso programado para dos días después, en su cumpleaños número treinta y cinco. Esta cita con el ginecólogo era especial, ya que pasaban los seis meses de gestación y estaba programada una ecografía con un doctor especialista. Ahí fue donde todo comenzó.

El estudio se prolongó mucho más de lo programado; para Vero era imposible creer que todo estuviera bien después de que el doctor documentara tanto el caso. No obstante, la mayoría de su atención se centraba en platicarle a Jano de su hermano menor durante el transcurso de la ecografía. El especialista no mostró señas de que algo estuviera mal y dejó al doctor de cabecera la tarea de explicar lo que venía para la familia.

Fueron necesarias tres amplias explicaciones para que Vero pudiera entender lo que estaba sucediendo. Tomó nota de términos médicos que jamás había escuchado y que no deseaba que nadie nunca conociera. Al salir del consultorio, tendría que ser capaz de explicar la situación a su esposo y al resto de la familia.

Marcelo, el bebé que estaba por nacer, tenía varios males, de esos que sólo un mínimo porcentaje de la población tiene. Si lograba llegar a término el embarazo, la expectativa de vida era no mayor a una semana. El doctor recomendaba dar por terminado el embarazo para no poner en riesgo a la mamá. Cuando esta última recomendación llegó a oídos de Vero, todo se nubló. El doctor se había convertido en alguien despreciable para ella y sólo quería tomar a Jano y salir corriendo de ahí.

Esa noche fue larga. Interminables llamadas, lágrimas, negación, búsqueda de términos médicos en internet... Nada tenía sentido. «No pongas en riesgo tu vida», «Dale gracias a Dios, que ya tienes un hijo», «Ya sabes lo que es ser mamá», «No vayas a dejar a Jano y a Alex solos»... Eran muchas las opiniones que se compartían, todas con la mejor intención de ayudar. Vero y Alex no estaban dispuestos a tomar esta decisión y rogaban a Dios por un milagro. Mientras tanto, la familia extendida buscaba opciones para terminar el embarazo.

La cuestión es que nadie, excepto Vero, conocía a Marcelo. Todos esperaban la fecha de su llegada al mundo para darle la bienvenida y empezar una historia juntos. Esa historia ya tenía veintiséis semanas para Vero y Marcelo. Se sentían, se comunicaban, comían juntos, compartían cuentos antes de dormir con Jano. Eso era algo que, por la preocupación, nadie tomaba en cuenta.

Apesadumbrados y, a la vez, llenos de esperanza, la pareja viajó a su ciudad natal en busca de mejores noticias en la forma de una segunda opinión profesional. Mientras tanto, ya había una opción legal para terminar el embarazo.

Dos días después llegó la noticia. Para la mayoría, fue un alivio; para Vero y Alex, las peores palabras que han escuchado. El corazón de Marcelo había dejado de latir.

El doctor les explicó que hay una rara situación que a lo largo del tiempo había observado: cuando los padres de un bebé con problemas se enteran de la situación de su hijo por nacer, y sufren por ello, el bebé decide irse. Este fue el último regalo que Marcelo le dio a sus padres.

A la mañana siguiente, Vero ingresó al hospital: sus últimos minutos con Marcelo estaban por suceder. Su principal preocupación era despedirlo y bautizarlo. Ninguna de las dos cosas le fue posible, ya que el procedimiento se llevó a cabo con ella bajo los efectos de la anestesia. Y, así de sencillo, como se lee: Marcelo ya no estaba.

Mientras Vero se recuperaba en el hospital, Alex llevó a cabo los trámites de cremación del cuerpo. Después de veinticuatro semanas de gestación, era necesario que un servicio funerario se hiciera cargo. Este incluyó el transporte del pequeño cuerpo al cementerio, donde se llevó a cabo la cremación. La familia rezaba en la sala de espera por el alma del pequeño, mientras se llevaba a cabo el procedimiento.

La prioridad de los días siguientes era recuperarse. Mientras que el cuerpo de Vero estaba preparado para amamantar, su cabeza no lograba comprender siquiera lo sucedido y su alma sufría sin consuelo. Para los cercanos a Vero, incluyendo a Alex, el susto había pasado. Había sido un trago muy amargo, pero estaban seguros de que la vida volvería a ser igual. A Vero le costó más de unos días entender su pérdida. El problema era cómo borrar las ilusiones y los sueños que por más de seis meses había imaginado: hermanos varones que se llevarían un año y siete meses entre sí, que tenían ropa para vestirse igual, que se acompañarían al ir al colegio, que serían cómplices de travesuras, que compartirían habitación... Una familia de cuatro a la que le faltaba un integrante.

El tiempo transcurría y Vero funcionaba en piloto automático: llevaba a cabo las tareas que le correspondían, más por el sentido de responsabilidad que porque tuviera ganas de hacerlas. Esto ocurrió hasta que un buen día recibió una recomendación de clases de estimulación temprana mamá-hijo para compartir con Jano. Se inscribió a todas las clases posibles. Estas salidas, tres veces por semana, empezaron a darle esperanza: le dieron una nueva perspectiva de la vida, de la crianza de su hijo y del apoyo que tenía por parte de su esposo, familia y amigos. De la misma forma, se fueron sumando otros proyectos. Llegó el momento de dejar el apartamento y mudarse a una casa con un jardín donde Jano pudiera correr.

Un par de meses después de la mudanza, todavía con cajas sin abrir en el estudio, llegó la noticia de un nuevo embarazo. Una larga espera, muchas dudas, noches de insomnio. Había miedo e incertidumbre en cada visita al ginecólogo. Esta vez, la bebé llegó a feliz término y la familia recibió orgullosa y con mucha ilusión a Verito, la nueva integrante de la familia.

La vida continuó, realmente todos tuvieron razón: el tiempo va cicatrizando las heridas, siempre dejando las marcas de lo vivido. Las experiencias que esta familia tuvo fueron la preparación para ser quienes son hoy, para apreciar lo que tienen y a quién tienen para compartirlo.

Hoy, diecisiete años después, Vero y Alex son los orgullosos padres de Jano (18) y Verito (15). Son una familia feliz que comparte la vida, las ilusiones y los sueños de cada uno, sabiendo que Marcelo y Pilar los cuidan desde el cielo. ¡Son una familia de seis!

Agradecimientos

Queridos todos.

Quisiera expresar mi profundo agradecimiento a quienes han sido fundamentales en mi camino, especialmente a mi amado esposo y a mis hijos Ani y Diego. Juntos, como familia, hemos enfrentado la difícil experiencia de duelo que nos ha tocado vivir, avanzando unidos.

Agradezco de corazón a mis hermanos y familia cercana, quienes siempre han estado a mi lado, brindándome su apoyo incondicional. También quiero reconocer a mis antiguas y nuevas amistades, por escucharme, apoyarme y permanecer a mi lado a lo largo de este proceso.

Agradezco sinceramente a mis jefes y compañeros de trabajo, así como a mis psicólogos, terapeutas y psiquiatras, al personal y autoridades del Reclusorio Sur de la Ciudad de México. Mi gratitud se extiende a todas las personas que, de manera directa e indirecta, han influido en mi vida durante esta intensa experiencia, permitiéndome convertirme en una persona resiliente y fortalecida. En este momento, siento que camino con menos equipaje, ligera y en completa paz conmigo misma y con la vida.

A ti, querido hijo Joss, te llevo en mi corazón eternamente. Agradezco el tiempo que compartiste a mi lado, enseñándome a disfrutar de la vida y a seguir adelante sin ti. Por siempre te amaré.

Agradezco a la vida por brindarme la oportunidad de ser mejor persona y agradezco a Dios por todo, aquí, ahora y siempre.

Con gratitud, Ana Márquez.

Fotografías donadas por su autora: Ana María Patricia Márquez Pérez, haciendo reseña de «la tumba más alegre del panteón» y del proceso de pintura.

Fotografía donada por su autora: Elsa Gaudin
De derecha a izquierda: José, Andrea y Carlos

Fotografía en memoria de José Alfredo Angel Márquez (finado).
Fotografía donada por su autora,
Ana María Patricia Márquez Pérez.